사막의 모래 언덕 위에서
신나게 미끄럼을 타던 바람이
낙타에게 소리칩니다.
"너무 신나는걸! 날 따라와 봐!"
낙타도 목소리를 높여 대답을 합니다.
"나는 이제 두렵지 않아.
내 마음이 이끄는 대로 멀리멀리 가볼 거야."

‘나’

나는 무엇을 할 것인가

세바시 인생질문 3

세상을
바꾸는
시간 15

세바시는 2011년 5월 대한민국 최초로 콘서트 규모의 공개 강연회를 시작했습니다.
이후 10여 년간 매월 두 차례 이상 강연회를 열어 국내 강연 문화의 부흥을 이끌었습니다.
2020년 9월 유튜브에서 다양성 기반의 지식 강연 채널로는 유일하게 100만 구독자 보유를
달성했고 총 260여만 명의 소셜 미디어 채널 구독자를 보유한 브랜드로 성장했습니다.
국내 대표 강연 콘텐츠 브랜드 세바시는 세상의 다양한 질문과 생각, 경험을 강연 스토리에
담아 확산하고 그 이야기가 더 나은 삶과 세상을 위해 양질의 교육과 배움이 되는 것을
꿈꾸고 있습니다.

세바시 인생질문 3

나는 무엇을 할 것인가

펴낸날 2020년 12월 14일 초판1쇄
2024년 11월 11일 초판5쇄
지은이 세바시 인생질문 출판 프로젝트팀
펴낸이 구범준
펴낸곳 (주)세상을바꾸는시간15분
출판등록_ 2019년 3월 19일 제 2019-000015호
서울시 양천구 목동서로 159-1 CBS 7층
T 070-7758-2102
www.sebasi.co.kr
friends@sebasi.co.kr

북프로듀서 이나미
구성작가 김혜령, 손수현
표지그림 기마늘
낙타그림 이연수
진행 연지영, 노상용
지원 우호진, 조승현, 김민주, 이슬아, 최준용, 최현경, 백예일, 김영은
편집/디자인 스튜디오바프

ISBN 979-11-972814-3-3
ISBN 979-11-972814-0-2 (세트)

나는 무엇을 할 것인가

세바시 인생질문 3

세상을 바꾸는 시간 15

'나는 무엇을 할 것인가'라는 질문을 던지며

불확실한 시대를 살아가면서 확신을 갖기란 참 어려운 일입니다. 하지만 자기 삶에서 확신을 가질 수 있다면 아무리 불확실한 현실의 연속이라 할지라도 두려울 게 없지요. 그런데 그 확신이라는 것이 실은 행위를 통해 가능해집니다. 살아 있는 한 움직이는 것이 인간이고, 움직이면서 자신이 살아 있는 존재라는 것에 대한 확신을 얻는 것이 또한 인간입니다. 그러므로 움직인다는 것, 즉 무엇을 하며 일상을 채워 가는가라는 질문은 삶에 대한 확신을 갖기 위해 매우 중요합니다.

《세바시 인생질문》의 여정 중 1부 '나는 누구인가'와 2부 '나는 무엇을 원하는가'를 통해 당신 자신과 가까워지고 어떤 선택으로 삶을 채워갈지를 고민했다면 이제 삶을 위한 더욱 적극적인 질문을 향해 갈 차례입니다. 3부 '나는 무엇을 할 것인가'에 담긴 질문들은 당신의 인생을 통해 주어진 시간을 어떻게 채워 갈 것인가를 고민하게 합니다. 진정으로 자기 삶의 주인이 되어 살아갈 수 있게 하기 위한 질문들이지요. 하여, 좀 더 현실적이고 역동적인 주제를 다루며 힘차게 걸음을 뗄 수 있도록 준비하고자 합니다.

'질문하는만큼 성장한다'는 말이 있습니다. 1부과 2부에 담긴 수많은 질문에 답을 하며 이미 당신은 이전의 당신보다 훌쩍 성장해 있을 겁니다. 아직 명확하게 답을 내리지 못한 질문들도 있겠지만 걱정할 필요는 없습니다. 모든 질문은 결국 서로 이어져 있기 때문에 앞으로의 질문을 통해 답을 찾게 되기도 할 것입니다. 어떤 질문은 이미 답을 찾았더라도 시간이 흐른 후 새로운 답을 찾아야 하기도 할 테지요.

빠르게 답하고 또다시 주저하기보다는, 천천히 고민하고 당당하게 걸어갈 수 있기를 당부드립니다. 기억하세요. 정답이 아닌 질문이 당신을 움직이게 할 것입니다. 여백을 다 채우는 것이 중요한 게 아니라, 답을 찾기 위해 고민하는 시간이 중요합니다. 그 시간이 결국 당신을 더 나은 삶으로 이끌 것이 분명합니다.

100개의 인생질문에 대한 답을 찾는 과정을 통해 당신은 더욱 능동적으로 행위하며 살아가게 될 겁니다. 그 행위로 채워진 일상이 모이면 자연스레 삶에 대한 확신을 갖게 될 것이고요. 그때 당신이 발을 딛고 선 곳은 더 이상 삭막한 사막이 아닐 겁니다. 주인이 되어 살아가는 당신을 위한 멋진 삶의 무대가 되겠지요. 수많은 질문의 끝에서 진정으로 자유로워진 당신을 만날 수 있기를 응원하며, 이제 세 번째 고지를 향해 힘차게 걸어가 볼까요?

1
각 질문의 '제목'에 해당하는 내용입니다. 꼭 순서대로일 필요 없이 마음이 끌리는 제목을 '오늘의 질문'으로 선택하세요.

2
질문의 주제를 중심으로 생각의 문을 열어줄 글입니다. 워밍업을 하듯 천천히 글을 읽으며 자신의 내면과의 대화를 시작해 보세요.

3
생각을 문장으로 구성하기에 앞서 먼저 머릿속에 떠오르는 다양한 단어, 짧은 표현 들을 나열해 보세요. 한꺼번에 칸을 모두 채우려 하지 말고 생각이 날 때 추가하는 방식으로 활용해 보세요.

4
보다 다양한 관점에서 생각을 이끌어 낼 수 있도록 던져진 3개의 세부 질문을 중심으로 보다 디테일하게 '나 자신'의 이야기를 꺼내어 상황에 대한 설명, 배경에 대한 설명을 더해 보세요. 문장의 형식을 갖추거나 완성하려는 노력보다는 자신의 이야기 그 자체에 집중하는 것이 더 중요합니다.

5
해당 주제와 관련하여 깊이 있는 영감을 줄 세바시 강연 라이브러리를 참고해 보세요. 스마트폰의 QR코드 스캐너 앱을 활용하면 유튜브에 올라와 있는 영상을 바로 시청할 수 있습니다.

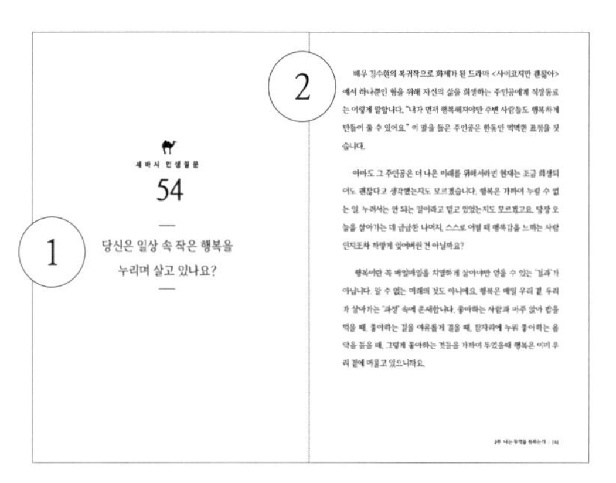

1

세바시 인생질문

54

당신은 일상 속 작은 행복을 누리며 살고 있나요?

2

배우 김수현의 복귀작으로 화제가 된 드라마 <사이코지만 괜찮아>에서 하나뿐인 형을 위해 자신의 삶을 희생하는 주인공에게 직장동료는 이렇게 말합니다. "내가 먼저 행복해져야만 주변 사람들도 행복하게 만들어 줄 수 있어요." 이 말을 들은 주인공은 한동안 먹먹한 표정을 짓습니다.

아마도 그 주인공은 더 나은 미래를 위해서라면 현재는 조금 희생되어도 괜찮다고 생각했는지도 모르겠습니다. 행복은 가까이 누릴 수 없는 일, 누려서는 안 되는 일이라고 믿고 있었는지도 모르겠고요. 당장 오늘을 살아가는 데 급급한 나머지, 스스로 어떨 때 행복감을 느끼는 사람인지조차 까맣게 잊어버린 건 아닐까요?

행복이란 꼭 매일매일을 치열하게 살아야만 얻을 수 있는 '결과'가 아닙니다. 알 수 없는 미래의 것도 아니에요. 행복은 매일 우리 곁, 우리가 살아가는 '과정' 속에 존재합니다. 좋아하는 사람과 마주 앉아 밥을 먹을 때, 좋아하는 길을 여유롭게 걸을 때, 잠자리에 누워 좋아하는 음악을 들을 때, 그렇게 좋아하는 것들을 가까이 두었을 때 행복은 이미 우리 곁에 머물고 있으니까요.

3부 나는 무엇을 원하는가 | 141

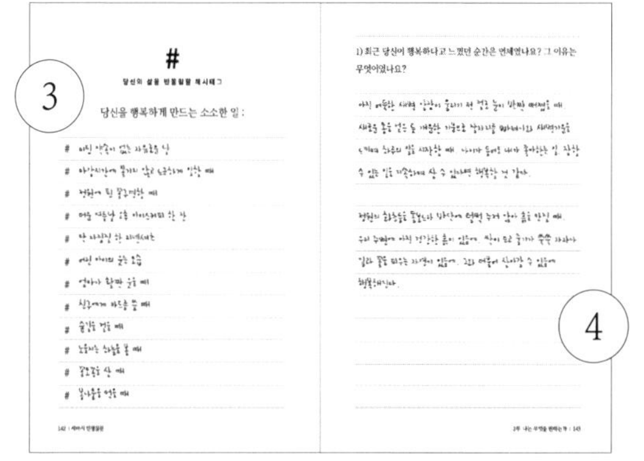

3

#

당신의 삶을 반짝일 해시태그

당신을 행복하게 만드는 소소한 일 :

1) 최근 당신이 행복하다고 느꼈던 순간은 언제였나요? 그 이유는 무엇이었나요?

4

142 | 세바시 인생질문

3부 나는 무엇을 원하는가 | 143

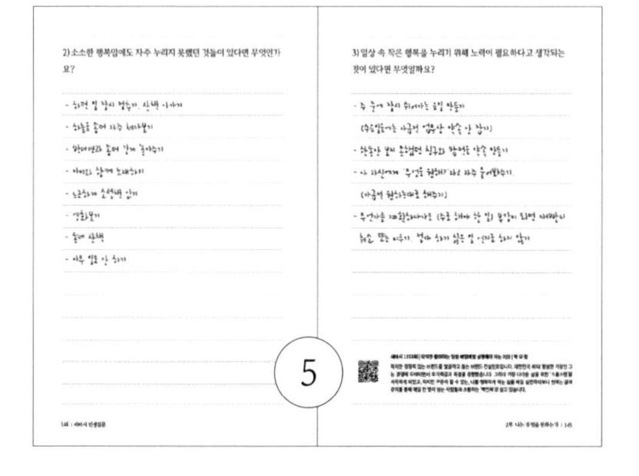

2) 소소한 행복임에도 자주 누리지 못했던 것들이 있다면 무엇인가요?

3) 일상 속 작은 행복을 누리기 위해 노력이 필요하다고 생각되는 것이 있다면 무엇일까요?

5

144 | 세바시 인생질문

3부 나는 무엇을 원하는가 | 145

차 례

세바시 인생질문 3

나는 무엇을 할 것인가

《세바시 인생질문》(전 3권)은 총 100개의 질문으로 구성됩니다.
1~32_ 1부 나는 누구인가
33~65_ 2부 나는 무엇을 원하는가
66~100_ 3부 나는 무엇을 할 것인가

세바시 인생질문

66

—

당신은 스스로를

창의적인 사람이라고 생각하나요?

—

'창의성'이 중요시되는 시대에 살고 있는 우리. '당신은 창의적인 사람인가요?'라는 질문에 확신에 찬 목소리로 '네!'라고 대답할 수 있는 사람은 과연 몇 명이나 될까요? 아마 곧바로 손을 들 수 있는 사람은 많지 않을 것 같습니다. 그만큼 창의성은 어딘가 특별한 면이 있는 사람에게 주어지는 타이틀이라고 느끼기 쉽습니다. 그래서 흔히들 '타고나야 하는 영역'이라고 말하기도 하지요.

그렇다면, 여기서 하나의 질문을 더 던져 보겠습니다. 우리는 스스로 창의적이지 못하다고 생각하기 때문에 창의적인 사람이 되지 못하는 건 아닐까요? 창의성은 특별한 영역이라는 편견이 오히려 스스로의 창의성을 가둬 두고 있는지도 모릅니다. '믿음'이 없는 행동엔 힘이 실리지 않듯이 말입니다.

이제 조금 더 열린 마음으로 해보지 않은 일들에 과감히 도전해 보세요. 그 일들에 적응하는 동안, 우리에겐 새로운 시각이 생기게 될 겁니다. 숨어 있던 잠재성도 발현될 수 있습니다. 창의성은 바로 이런 것들을 먹고 자라니까요. 이 사실을 머리로만 아는 것과 직접 경험하여 깨닫는 것은 인생에 있어서도 엄청난 차이를 가져다줄 것입니다.

#

당신의 삶을 반올림할 해시태그

창의적인 사람들의 특징 :

#

#

#

#

#

#

#

#

#

#

#

#

1) 주변의 사람들 중 창의적이라고 느껴 온 사람들이 있나요? 어떤 상황을 통해 창의적이라고 느꼈나요?

2) 자신만의 창의적인 방법으로 도전하거나 문제를 해결했던 경험이 있다면, 무엇인가요?

3) 창의성을 키워 나갈 수 있는 방법은 어떤 것들이 있을까요?

세바시 730회 | 한 번도 하지 않은 일 하기 | 최 인 수

성균관대학교 아동청소년학과 및 인재개발학과 교수입니다. 다산창의력센터 소장을 역임하기도 한 그는 한국인의 창의성에 큰 관심을 가지고 있습니다. 창의성이 중요시되지만 보편성을 지향하는 한국 사회에서 개인이 창의력 발현을 위해 할 수 있는 일이 무엇인지에 대한 그의 대답은 이렇습니다. "한 번도 하지 않은 일을 해보세요."

세바시 인생질문

67

일상의 진부함을 벗어나기 위해
당신은 어떤 노력을 하고 있나요?

아이들은 4~5살 무렵이 되면 '왜?'라는 질문의 늪에 빠집니다. 어떤 것을 보든 그 이유에 대해 묻고 또 묻는데, 그때마다 어른들은 난감해집니다. 왜 그런지에 대해 깊이 생각해 본 적이 없거나 이유조차 생각나지 않을 만큼 익숙해진 것들이 대부분이기 때문입니다. 이렇듯 아이들의 '왜'라는 질문은 어른들로 하여금 해보지 않은 생각을 하게 만듭니다.

사실, 거창하게 느껴지는 '창의적인 생각'도 이러한 흐름과 다르지 않습니다. '창의력'이라는 것은 바로 일상의 진부함을 벗어나는 것에서 시작되니까요. 당연한 것들에 '왜?'라는 질문을 던지는 순간, 세상은 풍요로워집니다. '영감'이라는 것도 결코 멀리 있는 게 아니에요. '꼭 이 방식이어야만 할까? 왜 이런 방법이 생겨나게 된 걸까?'와 같은 엉뚱한 질문들이 다른 생각의 흐름을 만드는 시작점이 됩니다. 어른이 되어서도 아이처럼 세상을 바라보는 시선이 필요한 것이지요.

나이와 관계없이 언제나 아이의 시선을 가지고 살아갈 수 있다면, 우리는 매일 새로운 세상을 만날 수 있을 것입니다. 처음엔 하찮다고 느껴지는 생각일지라도 그 안에는 분명 놀라운 발견과 깨달음이 숨어 있을 테니까요.

# #

당신의 삶을 반올림할 해시태그

일상 속의 엉뚱한 궁금증 :

#

#

#

#

#

#

#

#

#

#

#

#

1) 주변에 가끔 엉뚱한 대화를 나눌 수 있는 대상이 있다면 누구인가요? 어떤 엉뚱한 내용인가요?

2) 엉뚱하고 사소한 대화를 할 때 얻는 즐거움은 무엇인가요?

3) 엉뚱하고 사소한 대화로 시작되었지만 가치 있는 결과로 이어진 경험이 있다면 무엇인가요?

세바시 868회 | 자기 혼자만 창의적이면 뭐 해 | 한 명 수

배달 앱 서비스 기업 우아한 형제들 최고 창의 책임자입니다. 한국 웹디자인 1세대를 대표하는 디자이너이기도 합니다. 열정적이지만 여유로운 일하기를 추구합니다. 조직적이지만 지극히 개인적인 사유를 통해 아이디어를 얻습니다. 그는 이렇게 모순된 상황에서 던지는 '왜?' 라는 물음이 곧 창의와 혁신으로 이어진다고 믿고 있습니다.

세바시 인생질문

68

당신의 일상 속엔 항상 유머가 존재하나요?

정신과 의사였던 빅터 플랭클 박사는 수감자의 심리 상태를 분석한 사람 중 하나입니다. 그 기록을 담은 책 《죽음의 수용소에서》를 보면 '유머'에 관한 내용을 찾을 수 있지요. "유머는 자신과의 싸움에서 이기기 위한 영혼의 무기다. 단 몇 초에 지나지 않는 것이라도 다시 일어설 수 있는 초연함과 능력을 부여한다." 죽음의 공포 속에 사는 수감자들에게도 '유머'는 시련을 이겨내는 아주 중요한 도구였던 것입니다.

그 도구는 오늘날에도 큰 역할을 합니다. 팍팍한 일상에서 잠시나마 우리를 웃음 짓게 하는 분위기 메이커죠. 별거 아닌 작은 유머가 무거웠던 회의실 분위기를 가볍게 만들어 준 경험을 누구나 해본 적이 있을 겁니다. 낯선 이와의 첫 만남에서 얼어붙었던 공기를 녹여 주는 것도 이 유머라는 녀석이지요. 유머를 가진 사람은 매일을 건강한 동반자와 함께 사는 것과 같습니다. 순탄하지만은 않은 인생길이라 해도 웃을 수 있는 여유를 갖고 살아갈 테니까요.

살아 있는 생물 중에서 웃음을 가진 존재는 오직 사람뿐이라고 합니다. 그리고 현명한 사람일수록 더 자주 웃는다고 해요. 웃음의 특권을 매일 누리며 사는 우리가 된다면 좋겠습니다.

#

당신의 삶을 반올림할 해시태그

최근 당신을 웃게 만든 유머 :

#

#

#

#

#

#

#

#

#

#

#

#

1) 당신 주변에 유난히 유머 감각이 뛰어난 사람이 있다면, 주로 어떤 유머로 사람들을 즐겁게 하나요?

2) 그 사람과 함께할 때 당신은 어떤 기분이 드나요?

3) 유머가 있는 삶과 없는 삶은 어떻게 다를까요?

세바시 1050회 | 다른 세계를 상상하는 힘, 유머 | 김 찬 호

성공회대학교 교양대학 초빙교수이자, 교육센터 마음의씨앗 부센터장입니다. 웃을 일 없는 팍팍한 일상을 살아가는 현대인에게 끊임없이 '유머'의 중요성을 설파합니다. 단순하게 사람들에게 웃음을 주는 것만이 유머가 가진 힘은 아닙니다. 유머는 다른 세계를 상상하게 하는 힘이며, 현재의 삶을 비틀어서 틈새를 만들기에 우리는 그 틈새를 통해 다른 세계를 들여다볼 수 있다고 합니다.

세바시 인생질문

69

당신에겐 꾸준히 쓰는 노트가 있나요?

유명 작가나 예술가, 과학자들의 인생 속엔 항상 '노트'가 등장합니다. 20세기 할리우드 배우 메릴린 먼로도, 뉴욕의 그래피티 미술가 키스 해링도 '노트 쓰기'를 즐겨 하여 늘 노트를 가까이 지니고 있었다고 합니다. 그 안에는 그 사람만이 지닌 반짝반짝한 아이디어와 생각들이 꾸밈없이 담겨 있었을 겁니다.

우리가 채운 노트도 다르지 않습니다. 책상 정리를 하다 보면 누구나 끝까지 채우지 못한 노트 몇 권쯤은 어렵지 않게 마주할 수 있을 거예요. 하루에 겪은 일을 담담히 쓴 노트부터 새롭게 배운 내용들을 꼼꼼히 적은 노트까지 삶의 순간순간의 생각과 감정을 선명히 담은 기록들을 가만히 읽어내려가다 보면, 이후에 채우지 못한 페이지들이 아쉽기도 합니다. 기록하지 않은 시간들은 어떤 생각을 하며 보냈는지 잘 떠오르지 않으니까요. 나아가, 기록으로 남겨 놓지 않은 시간들은 존재하지 않았던 것처럼 여겨지기도 합니다.

그래서 노트 쓰기에도 노력이 필요합니다. 삶의 순간순간을 기록으로 남기려는 노력은 살면서 언젠가 필요하게 될 1%의 영감을 불러올 수 있습니다. 오늘 남긴 기록이 훗날 어떤 것의 단초가 될지는 아무도 장담할 수 없습니다. 어쩌면, 당신이 노트를 펼치는 순간, 그 가능성은 이미 커지고 있는 건지도 모릅니다.

# #

당신의 삶을 반올림할 해시태그

노트 쓰기의 주제가 될 수 있는 것:

#

#

#

#

#

#

#

#

#

#

#

#

1) 매일 노트를 씀으로써 얻는 장점은 어떤 것들이 있을까요?

2) 지난 노트의 기록을 통해 까맣게 잊고 있었던 내용을 새롭게 발견하거나 깨달음을 얻은 적이 있나요? 어떤 내용이었나요?

3) 매일 노트 쓰기를 실천하기 위해 가장 부담이 적은 방법, 또는 형식은 무엇일까요?

세바시 890회 | 노트 쓰기로 당신의 천재성을 끌어내세요 | 이 재 영

한동대학교 기계제어공학부 교수입니다. 공학과 인문학 사이의 영역에 관심이 많습니다. 긴 공부의 여정에서 전 세계 수많은 기인 및 천재들을 만나 보았고 그들이 지닌 탁월함의 원천에는 노트 쓰기가 있음을 발견했습니다. 그는 오늘 자신이 남긴 기록이 훗날 무엇의 단초가 될지는 아무도 장담할 수 없다고 말하며 오늘도 노트 쓰기의 가치를 전하고 있습니다.

세바시 인생질문

70

일상을 기록하고 나누는 기쁨을
경험해 본 적이 있나요?

여러분은 과거의 일을 얼마나 자세히 기억하나요? 지난달에 어떤 일이 있었는지 구체적으로 떠올릴 수 있나요? 아마도 대부분의 사람들이 곧바로 대답하기 어려울 겁니다. 바쁜 일상에 치여 살다 보면 매일 비슷비슷한 시간을 보내고 있다고 느끼기 쉬우니까요. 하지만 가만히 우리의 하루를 들여다보면 매 순간 소소하지만 새로운 일들이 찾아온다는 것을 알 수 있습니다. 이 사실을 깨닫기에 가장 좋은 방법이 바로 매일을 '기록'하는 것입니다.

만약 오늘부터 일상을 기록하기 시작한다면 당신은 머지않아 새로운 깨달음에 이를 것입니다. 작은 발견이 주는 아름다움과 꾸준함이 주는 아름다움에 대한 깨달음이지요. 더하여, 소소한 일상의 기록이 주변 사람들과 나누는 일로 이어지면 삶을 통해 발견하는 작지만 확실한 행복을 얻게 될 것입니다. 하루, 한 달, 일 년 동안 이 행동을 이어 간다면 자신의 끈기 있는 지속성에 대한 자신감까지 얻게 될 테고요.

자, 이제 지난 한 주를 천천히 한번 돌아볼까요? 출근길에 보았던 꽃, 점심에 나누었던 대화, 처음 맛본 음식도 좋습니다. 그 소소한 것들을 자신만의 방식으로 기록해 보세요. 그리고 그 기록을 주변의 사람들과 함께 나누어 보세요. 무심코 넘겨 버렸을지도 모를 소중한 순간들이 쌓여 마치 나비 효과처럼 커다란 변화를 가져다줄 테니까요.

# #

당신의 삶을 반올림할 해시태그

기록으로 남기고 싶은 일상의 디테일 :

#

#

#

#

#

#

#

#

#

#

#

#

1) 당신의 기록에 꼭 포함되었으면 하는 소재가 있다면 무엇인가요?

2) 글로 남기는 기록과 영상으로 남기는 기록 중 당신이 선호하는 것은 어느 쪽인가요? 그 이유는 무엇인가요?

3) 당신의 기록을 주변과 공유함으로 얻게 되는 긍정적인 효과는 무엇일까요?

세바시 16회 | 가족 신문이 가져온 조용한 혁명 | 조 영 헌

고려대학교 역사교육과 교수입니다. 동양의 역사에 대한 전문적이고 해박한 지식을 가지고 있는 그는 역사학자로서 누구보다 기록의 중요성과 가치를 잘 아는 사람입니다. 수많은 종류의 기록 중에서도 그에게 무엇보다 중요한 것은 초등학교 6학년 때부터 써왔던 가족 신문입니다. 가족의 역사를 기록하고, 되새겨 본다는 것은 그의 삶에 작동하는, 조용하지만 가장 거대한 에너지입니다.

세바시 인생질문

71

당신에게 '글을 쓴다는 것'은

어떤 의미인가요?

1995년 12월, <엘르> 편집장이었던 장 도미니크가 뇌졸중으로 쓰러졌습니다. 그는 하루아침에 전신 마비가 되어버렸지만, 평생 동안 해온 일을 결코 멈추지 않았습니다. 바로 글을 쓰는 것이었지요. 유일하게 움직일 수 있는 눈꺼풀로 자신의 이야기를 받아 적도록 했고, 마침내 15개월 간 20만 번의 깜빡임으로 《잠수종과 나비》라는 책을 완성했습니다. 이처럼 몸을 움직일 수 없는 상황에서도, 혹은 수용소나 전쟁터와 같이 극한의 상황에서도 글쓰기를 멈추지 않은 작가들에 대해 들어본 적이 있을 겁니다. 그들이 계속해서 글을 썼던 이유는 과연 무엇일까요?

글을 쓰는 동안, 우리 내면에선 놀라운 일이 벌어집니다. 과거라는 어두운 지하실에 갇혀 있던 감정들이 수면 위로 올라오고, 얽혀 있던 실타래가 조금씩 풀리기 시작합니다. 우리를 감싸고 있던 두려움, 편견, 나약함은 어느새 저만치 멀어지죠. 글을 쓴다는 것은 곧 살아있음을 의미하고, 그 안에서 비로소 해방감을 느낄 수 있습니다. 이것이 작가들을 그리고 우리들을 계속해서 쓰게 만드는 게 아닐까 싶습니다.

당신에게도 글쓰기에 대한 오랜 꿈이 있다면, 어떤 글을 가장 먼저 쓰고 싶나요? 한 편의 글을 완성하는 동안, 당신은 어떤 과거와 마주할지 궁금해집니다.

# #

당신의 삶을 반올림할 해시태그

글을 쓰고 싶다고 느낀 순간 :

#

#

#

#

#

#

#

#

#

#

#

#

1) 글쓰기를 중심으로 한 다양한 경험 중 당신은 어떤 경험을 해보았나요?

2) 글쓰기는 누구에게나 새로운 좌절과 도전을 경험하게 합니다. 글쓰기를 통한 당신의 좌절과 도전은 어떤 내용인가요?

3) 지금 글쓰기를 시작한다면, 그 첫 문장은 무엇이 될까요?

세바시 275회 | 자기해방의 글쓰기 | 김 영 하

대한민국을 대표하는 소설가 중 하나입니다. 대표작으로는 《나는 나를 파괴할 권리가 있다》, 《살인자의 기억법》, 《여행의 이유》 등이 있습니다. 그에게 '글을 쓴다'는 것은 글을 쓰는 행위는 그 이상입니다. 그는 글을 쓰며 지금도 심장이 뛰고 있다는 걸, 삶의 순간 순간에 충실히 임하고 있다는 걸 깨닫습니다. 그렇기에 오늘도 글을 쓰고, 글을 쓰는 일을 독려합니다.

세바시 인생질문

72

당신의 삶을 책으로 쓴다면

어떤 제목이 어울릴까요?

책은 우리 삶에 많은 영향을 끼칩니다. 저자의 철학이 고스란히 담긴 책을 통해 저자의 경험을 간접 체험할 수 있으며 세상에 대해 새로운 시각을 갖게 됩니다. 다양한 분야의 책을 많이 읽을수록 생각의 변화 또한 다양해지는 겁니다. 하지만 그 생각을 통해 삶을 변화시키는 방법은 따로 있습니다. 생각을 넓히는 것이 '읽기'라면, 그 생각을 바탕으로 앞으로 가야 할 길을 구체적으로 정립하는 것은 다름 아닌 '쓰기'입니다.

'책을 쓰는 일'이 특별한 사람 혹은 뛰어난 필력을 가진 사람만이 할 수 있는 일이라고 생각하기 쉽지만, 꼭 그런 것만은 아닙니다. 누구에게나 자신만이 가진 경험과 스토리가 있고, 그것이 곧 책이 될 수 있기 때문입니다. 이 세상에 완전히 똑같은 삶을 사는 사람은 존재하지 않아요. 그렇기에 모든 이의 '쓰기'는 의미가 있습니다. 자신의 생각이 담긴 글을 쓰다 보면, 머릿속으로 떠올리기만 했던 것이 눈앞에 실재하게 되고, 앞으로 살아가야 할 길을 만들 수 있게 됩니다.

폴 부르제의 《한낮의 악마》를 보면 이런 구절이 있습니다. '생각하는 대로 살아야 한다. 그렇지 않으면 사는 대로 생각하게 될 것이다.' 우리는 스스로의 생각을 구체화하여 길을 만들어야 합니다. 우리가 기록한 길은 분명 누군가에게 영감이 되고, 감동이 될 수 있습니다.

#

당신의 삶을 반올림할 해시태그

책의 소재가 될 수 있는 나만의 이야기 :

#

#

#

#

#

#

#

#

#

#

#

#

1) 자신의 이야기를 책으로 엮는다면 그중 어떤 이야기를 중심으로 써보고 싶은가요? 그 이유는 무엇인가요?

2) 그 책이 출판이 된다면 어떤 사람들이 독자가 되기를 바라나요? 또한, 어떤 점에서 공감해 주기를 바라나요?

3) 그 책의 제목은 무엇이 될까요? 제목을 통해 어떤 메시지를 전달하고 싶은가요?

세바시 1233회 | 오늘부터 완전히 다른 인생을 살려면 결심해야 하는 단 한 가지 | 유 영 만

공고 출신 용접공으로 일하다가, 우연히 읽은 책에 영감을 받아 다시 공부를 시작해 교수가 됐습니다. 평생 공부하고, 배운 것을 삶에 적용하며 얻은 체험적 지혜를 90권의 책으로 썼습니다. 그에게 '살기'는 곧 '책 쓰기'입니다. 어제와 다른 삶을 살게 하는 가장 강력한 힘은 타성과 고정관념을 거부하고, 낯선 생각과 세상을 만나려는 용기라고 강조합니다. 그리고 그 '용기'는 오직 '쓰기'를 통해 나옵니다.

세바시 인생질문

73

당신을 성공으로 이끈 시행착오에는

어떤 것들이 있나요?

무언가를 배우고 익히는 것은 필히 지난한 과정을 거치기 마련입니다. 특히 외국어의 경우 완전히 입에 붙기까지 긴 시간과 인내를 필요로 하지요. 그래서 작심삼일이 되는 경우도 많고요. 그럼에도 필요성 때문인지 도전하는 사람들이 계속 늘어나고 있어요.

어떻게 하면 배움의 과정에서 너무 어렵지 않게 실력을 향상시킬 수 있을까요? 언어의 경우 시험 공부처럼 정답을 맞추기 위한 공부가 아닙니다. 의사소통을 위한 것이지요. 따라서 단순 암기로만 접근한다면 실력을 높이기가 어렵습니다. 운전, 수영, 댄스처럼 몸에 익히도록 하는 것이 필요해요. 감각으로 익히기 위해서는 많이 해보는 것만큼 효과적인 방법은 없습니다. 그래서 아무리 좋은 선생님, 좋은 수업을 만나도 직접 연습하지 않는다면 실력이 늘지 않는 거지요.

무엇이든 성장하기 위해서는 시행착오의 과정이 필요합니다. 계속 반복하고 실수하면서 몸에 새기는 거예요. 감각으로 익히는 거지요. 완벽하게 잘하려고 하기보다 '최대한 많이 연습해 본다', '최대한 많이 실수해 보겠다'는 자세로 접근해 보세요. 그러면 좌절감에 쉽게 작심삼일 되지 않을 수 있습니다. 지지부진한 것 같은 시간들이 쌓여서 실력의 향상을 체감하게 되면 그때는 자신감을 얻어 더욱 힘을 낼 수 있겠지요.

# #

당신의 삶을 반올림할 해시태그

많은 시행착오가 필요했던 일 :

#

#

#

#

#

#

#

#

#

#

#

#

1) 새로운 배움을 위해 도전했다가 중단한 경험이 있나요? 그 이유는 무엇인가요?

2) 능숙해지는 데 가장 큰 걸림돌이 되었던 것은 무엇인가요?

3) 인생에 가장 큰 도움이 되었던 '시행착오'가 있다면, 무엇인가요?

세바시 1143회 | 당신이 영어를 배우는 데 실패하는 이유 | 신 용 하

영어 교육 유튜브 채널 <라이브 아카데미> 운영자입니다. 70만 명이 넘는 구독자들에게 '빨간모자 선생님'으로 통합니다. 그의 학습 영상에는 단순히 영어에 대한 지식이나 이론이 담겨 있지 않습니다. 성장은 꾸준함과 노력의 한계점에서 발현된다는 그의 메시지는 현재 영어 교육을 넘어 많은 이들에게 변화와 도전에 대한 동기 부여가 되고 있습니다.

세바시 인생질문

74

당신이 '잘해야 한다'는 부담감을 갖는

이유는 무엇일까요?

두려움 혹은 불안감은 우리의 행동을 저지하는 대표적인 마음의 장애물입니다. 새로운 일을 시작함에 있어서 현실적인 제약이 전혀 없을 때에도 많은 사람들이 '두려워서' 시작조차 하지 못하는 경우가 많지요. 하지만 생각이 많아질수록 행동은 더욱 더뎌질 수밖에 없습니다. 두려움과 걱정에 갇혀 버리는 겁니다.

그럴 때에 가장 쉽게 시도해 볼 수 있는 방법은 생각을 내려놓는 것입니다. 정확히는, '잘해야 한다'는 생각을 내려놓는 것이에요. 우리가 두려운 건 잘해 내지 못할까 봐, 실수하거나 실패할까 봐 인 것이니까요. 완벽하게 해내고 싶은 욕심 그 자체를 내려놓아야만 두려움도 줄어들 겁니다.

뭐든지 꼭 잘해야만 할까요? 그럴 필요가 없을뿐더러 불가능한 일이기도 합니다. 다 잘할 수는 없어요. 잘해 내지 못한다고 해도 그것이 '실패'를 의미하지는 않습니다. 그러니 성공과 실패에 연연하기보다는 실행 자체에 의미를 두고 해보는 것이 좋습니다. 너무 많은 생각이 마음을 가두기 전에 무작정 일단 해보는 거예요. 그런 시도들이 쌓이면 두려움도 줄어 들고 실행력도 높일 수 있게 됩니다. 그러면 그다음 번의 시도는 훨씬 더 가볍게 다가갈 수 있을 테고요.

#

당신의 삶을 반올림할 해시태그

잘해야 한다는 생각을 내려놓는 방법 :

#

#

#

#

#

#

#

#

#

#

#

#

1) 무언가를 시도할 때 자주 하는 걱정은 무엇인가요?

2) 무언가를 시도할 때 '잘해야 한다'는 생각은 그 일에 어떤 영향을 미치나요?

3) 새로운 도전에 대한 두려움의 장벽을 낮출 수 있는 방법은 무엇일까요?

세바시 761회 | 글쓰기의 두려움을 이기는 법 | 강 원 국

국민의정부와 참여정부에서 8년 동안 대통령의 말과 글을 쓰고 다듬은 연설 비서관입니다. 지금은 자신의 글로 책을 내고 강연을 합니다. 어릴 적부터 눈칫밥을 먹고 자랐고 10여 년간 다른 사람의 말을 글로 쓰면서 문득 이런 생각이 들었습니다. '내 말도 언젠간 글이 될 수 있겠구나.' 새하얀 종이를 앞에 두면 누구나 두려움이 앞섭니다. 하지만 말할 수 있다면 글도 쓸 수 있습니다. 글쓰기의 두려움을 이기는 약간의 용기만 있다면요.

세바시 인생질문

75

당신이 생각하는
'성공의 원칙'은 무엇인가요?

소위 '성공'이라는 말은 현대인들을 자극하기에 좋은 단어가 아닌가 생각합니다. 부나 명예, 사람들의 인정과 같이 인간이 소유하고 싶어 하는 개념들을 포괄하는 것이 바로 성공이라 여겨지기 때문이지요. 때로는 성공을 너무 특별하게 생각해서 평범한 사람에게 '성공한 인생'은 너무 멀게 느껴지기도 하죠. 남의 얘기처럼 생각하기도 하고요. 대단해져야 한다는 생각 때문에 작은 좌절에도 스스로 '이번 생은 망했어'라고 극단적인 평가를 하는 사람들도 있습니다.

하지만 실제로 성공한 사람들을 가까이서 관찰한 사람의 얘기를 들어 보면 생각이 달라집니다. 거창하고 화려한 무엇을 이루었기 때문에 성공한 게 아니라 작은 태도나 습관, 사고방식이 다르기 때문에 결국은 겉으로도 드러나는 성공적인 무엇을 이루었다는 것을 알 수 있어요.

성공에 대한 시각을 변화시켜 뭔가 엄청난 것을 성취해야 한다는 생각을 접어두고, 대신 작은 것부터 변화시켜 보는 거예요. 만나는 모든 사람들이나 경험으로부터 배우려는 태도를 가진다거나 항상 메모하는 습관을 길러 보는 것 등이 팁이 될 수 있겠지요. 큰 차이를 만들어 내는 것은 결국 사소한 데서부터 시작한다는 것을 믿고 바로 지금부터 작은 실천을 시작해 보기를 바랍니다.

#

당신의 삶을 반올림할 해시태그

성공으로 이어질 수 있는 작은 시도 :

#

#

#

#

#

#

#

#

#

#

#

#

1) 당신이 생각하는 '성공의 이미지'는 어떤 모습인가요?

2) 성공을 위해 꼭 갖추어야 하는 것은 무엇이라고 생각하나요? 그 것을 꼭 갖추어야 한다고 생각하게 된 이유는 무엇인가요?

3) 자신의 작은 시도 중 성공으로 이어질 수 있다고 생각하는 것은 무엇인가요?

세바시 515회 | 세일즈에서 배우는 성공 원칙 | 신 동 일

잘 다니던 대기업을 그만두고 벤츠 세일즈에 뛰어든 지 2년 만에 판매왕이 되었습니다. 10년 연속 그 자리를 지킨 뒤 판매 영업직으로는 최초로 이사가 되었습니다. 많은 사람들은 그의 세일즈 성공 비법에는 대단한 무엇이 있을 거라고 생각합니다. 하지만 그의 성공은 작은 실천에서 비롯된 변화들이 이루어 낸 결과일 뿐입니다.

세바시 인생질문

76

당신에게 자신감을 준

성공의 경험에는 어떤 것들이 있나요?

실패에 대한 두려움은 우리를 움츠러들게 합니다. 실패를 이미 겪어 보았다면 더더욱 주저하게 되지요. 좌절감과 스스로에 대한 실망감이 얼마나 아픈지 알게 되었으니까요. 실패 이후에도 끊임없이 도전하는 사람들을 보면 정말 대단하다는 생각을 하게 됩니다.

성공이란 본디 어려운 것입니다. 누구나 쉽게 해낼 수 있는 것이라면 많은 사람들이 그렇게 간절히 성공을 바라지도 않겠지요. 안 그래도 어려운 것을 한 번에 성취하려고 하니 좌절감은 더욱 커질 수밖에요. 하지만 성공은 애초에 도달하기 어려운 것이기 때문에 만족스런 성과를 얻지 못했다고 하더라도 계속 시도해야 합니다. 실패할 것 같은 불안감이나 실패로 인한 좌절감에 시도 자체를 포기해 버린다면 성공의 가능성은 기대조차 할 수 없게 되어 버립니다.

큰 목표를 설정하되, 일상에서 계속해서 시도해 볼 수 있는 것들을 통해 소소한 성공 경험들을 만들어 보세요. 그런 성취감을 통해 자신감을 유지시키고 계속해서 도전할 힘을 얻는 것이지요. 그렇게 지속할 수 있는 힘을 갖는 것만으로도 성공은 성큼 다가올 겁니다. 멈추어 있지 않는 한 언젠가는 반드시 도달하게 될 곳일 테니까요.

#

당신의 삶을 반올림할 해시태그

100% 성공을 장담할 수 있는 새로운 시도 :

#

#

#

#

#

#

#

#

#

#

#

#

1) 너무 큰 목표로 인해 실행에 어려움을 겪은 적이 있나요?

2) 그 일들의 목표치를 낮추려면 어떤 방법이 있을까요?

3) 100% 성공할 수 있는 작은 도전에는 어떤 것들이 있을까요?

세바시 872회 | 100% 성공하는 법 | 김 민 철

영어 교육 브랜드 야나두의 대표입니다. 포화 상태였던 영어 교육 시장에 뒤늦게 뛰어들어 점유율 1위를 달성했습니다. 2019년에는 카카오키즈와 합병하면서 대기업 계열사 대표가 됐습니다. 그는 야나두 창업 전에 수많은 실패를 경험하고 견뎌 냈습니다. 그가 말하는 100% 성공법은 간단합니다. 그 성공을 위한 목표를 쪼개고 쪼개서 작게 만들고, 그것을 하나씩 실행하고 성취해 나가면 되는 일이기 때문입니다.

세바시 인생질문

77

당신은 성과와 관계 없이
노력하는 사람인가요?

때때로 엄청나게 노력한 일이 큰 성과 없이 막을 내리기도 합니다. 시간과 에너지를 투자한 것에 비해서 형편없는 결과가 나는 일도 있어요. 오랜 시간 준비한 시험에서 기대에 못 미치는 점수를 받거나 구직 활동에서 불합격을 하는 것 등이 그렇지요. 그럴 때는 꼭 노력이 자신을 배신한 기분이 듭니다. 정말 야속합니다. 절망감이 들고 다 포기하고 싶은 마음이 들 수도 있어요.

아마도 우리는 노력이 항상 원하는 결과로 이어지지는 않는다는 따가운 현실을 받아들여야 하는 건지도 모릅니다. 노력한다고 다 좋은 결과를 얻게 되는 건 아니니까요. 하지만 좋은 성과가 나지 않을 수 있다고 해서 시도조차, 또는 노력조차 하지 않는 건 더더욱 옳지 않습니다. 그 과정에서 얻은 것들은 그 어떤 성공적 결과보다 훨씬 큰 가치를 지니기도 하니까요.

'인생의 가장 큰 영광은 절대 넘어지지 않는 데 있는 것이 아니라 넘어질 때마다 일어서는 데 있다.'고 했던 넬슨 만델라의 말처럼, 우리도 그렇게 넘어지는 동안 성장해 왔던 건지도 모릅니다. 그런 자신을 믿어 주어야 합니다. 넘어질 때마다 성장한 자신이 어느 날 예상치도 못한 큰 일을 해낼지도 모르는 거니까요. 그러기 위해서는 포기하지 않고 계속해서 나아가야 한다는 것을 잊지 마시고요.

#

당신의 삶을 반올림할 해시태그

성과에 개의치 않고 노력을 기울였던 일 :

#

#

#

#

#

#

#

#

#

#

#

#

1) 누구보다 열심히 노력했지만 기대했던 성과를 얻지 못했던 일이 있었다면, 어떤 일이었나요? 어떤 기분이 들었나요?

2) 성과에 개의치 않고 계속해서 도전하기가 어려운 이유는 무엇일까요?

3) 실패나 좌절감을 느낀 일들은 당신에게 어떤 변화를 가져다주었나요?

세바시 1022회 | 노력이 반드시 성과로 이어지게 만드는 힘 | 송 성 근

아이엘사이언스의 대표입니다. 23세 때 자본금 500만원으로 사업을 시작했습니다. 몇 억짜리 프로젝트를 수주받고도 부도처리된 업주 때문에 14억 빚을 고스란히 떠안기도 했습니다. 성공에 관한 통념과는 정반대점에서 시작한 그는 2020년 결국 자신의 회사를 코스닥에 상장시키고, 글로벌 광학 솔루션 기업으로 성장시켜 나가고 있습니다.

세바시 인생질문

78

당신은 어떤 방법으로

삶의 권태기를 이겨 내나요?

아무리 좋아하는 일이라도 열정을 유지하기란 쉽지 않은 것 같습니다. 인생은 열정기, 권태기, 성숙기의 순서로 이어진다고 해요. 열정 다음에는 권태가 오기 마련이고, 권태를 겪어 낸 후에야 성숙할 수 있다는 뜻이겠지요. 물론 성숙기는 쉽게 이를 수 있는 단계는 아닙니다. 열정과 권태를 지나 우울의 단계로 진입하는 사람들이 훨씬 많지요. 하지만 열정이 식었다고 해서 낙담하거나 실망할 필요가 없습니다. 많은 사람들이 겪는 너무도 자연스런 과정이니까요.

열정도 권태도 우울도 모두 영원히 지속되는 것이 아닙니다. 모든 것은 흘러가는 과정일 뿐 영원한 것은 아니지요. 그렇기에 너무 겁낼 필요가 없는 건지도 몰라요. 단지 잘 흘러갈 수 있도록 의연한 마음을 가질 수 있다면 좋겠지요. 그렇게 할 수만 있다면 훨씬 더 많은 것들을 느끼고 경험할 수도 있을 거예요.

지금 딛고 있는 계단이 무엇이건, 스스로에게 '이 또한 지나가리니'라고 한번 속삭여 보세요. 그 어떤 권태나 우울도 장애물이 되지는 않을 겁니다. 오랫동안 지속적으로 해내고 싶은 일이 있다면 마음을 조금 더 가볍게 가져도 좋습니다. 그저 자신을 믿어 봐도 괜찮아요. 어떤 경험도, 또 어떤 시간도 무의미한 것은 없을 테니까요.

#

당신의 삶을 반올림할 해시태그

당신이 겪은 삶의 권태기 :

#

#

#

#

#

#

#

#

#

#

#

#

1) 살아오면서 온 힘을 다해 열정을 쏟아부은 일은 무엇인가요?

2) 열정이 사그라들면서 포기하게 되었을 때, 어떤 기분이 들었나요?

3) 다시 그 일을 지속한다면, 어떤 마음가짐이 필요할까요?

세바시 69회 | 열정, 권태 그리고 성숙 | 김 창 옥

최고의 강연가입니다. 유튜브 강연 영상 총 조회수로 따지면 부동의 국내 1위입니다. 삶이라는 주제를 통해 관계와 소통, 아픔과 회복에 관한 이야기를 전합니다. 그의 이야기에는 유머와 눈물이 함께합니다. 우리 인생에 늘 열정과 권태가 함께하듯이 말입니다. 삶은 늘 그렇게 오름과 내림을 반복하면서 성숙에 이르게 되나 봅니다.

세바시 인생질문

79

힘들 때 서로가 서로에게

힘이 되어 줄 방법은 무엇일까요?

사회는 예전보다 풍족해졌는데, 어쩐 일인지 마음의 병을 앓고 있는 사람들이 참 많습니다. 미디어나 SNS에 보이는 밝은 모습들 뒤에 심리적인 문제로 고통을 호소하는 사람들이 계속 늘어나고 있어요. 한국은 특히나 OECD 회원국 중 자살률 1위를 기록하고 있어 더욱 안타깝습니다. 사는 게 힘든 사람들이 많다는 뜻이겠지요.

힘들 때일수록 서로의 정서적 안전망이 되어 주어야 하는 것이 아닌가 생각해 봅니다. 고민과 어려움을 토로할 수 있는 곳만 있어도 최악의 상황은 막을 수 있어요. 그저 힘들어하는 사람의 얘기를 들어 주는 것. 있는 그대로 받아들여 주고 평가하지 않고 공감해 주는 것. 그것만으로도 숨을 쉴 수 있습니다. 그런 관계 속에서는 '나' 또한 힘이 들 때 타인에게 기댈 수 있을 것이고요.

함께하는 사람들끼리 서로가 서로에게 안전한 울타리가 되어줄 수 있는 사회가 물질적으로 풍족한 사회보다 훨씬 살 만한 사회가 아닐까 싶습니다. 주변을 살펴보고 혹시 힘들어하는 사람은 없는지 살펴보세요. '괜찮아?' 혹은 '잘 지내?'라는 안부 한마디가 그 사람을 온기로 따뜻하게 품어 줄 수 있을 거예요.

#

당신의 삶을 반올림할 해시태그

힘들어하는 사람에게 건넬 수 있는 위로의 방법 :

#

#

#

#

#

#

#

#

#

#

#

#

1) 당신이 힘든 시기에 위로가 된 사람은 누구인가요? 그로부터 어떤 위로를 받았나요?

2) 당신은 어떤 순간에 정서적 안정망이 필요하다고 느끼나요?

3) 가까운 사람이 힘들어할 때, 당신은 무엇을 해줄 수 있을까요?

세바시 1027회 | 자살한 남편이 꿈속에서 내게 전한 이야기 | 김 혜 정

자살 예방 전문 강사입니다. 9년 전 남편의 자살로 고통스러운 삶의 변화를 겪었습니다. '자살공화국'이란 오명을 피할 수 없는 우리나라에서 자살 유가족에 관한 편견과 오해도 심각한 문제입니다. 그녀가 자살 예방 전문 강사로 일하는 동시에 자살 유가족 자조 모임의 대표로 활동하는 이유입니다.

세바시 인생질문

80

당신은 더 건강한 소통을 위해

어떤 노력을 하고 있나요?

우리는 어렸을 때부터 '말 잘 듣는 사람'이 되도록 길들어 있는 듯합니다. 의견을 거스르거나 독창적인 의견을 내면 큰 잘못을 하는 것처럼 느껴지지요. 그 때문인지 무조건 윗사람 말에는 복종하고, 감히 'No'라고 말할 수 없는 사람들이 많습니다. 남의 눈치를 많이 보고, 자유로이 의견을 나누는 토론을 불편하게 생각하는 분들도 많지요.

자신의 의견을 내세우지 않고 오롯이 타인에게 맞추는 것이 배려라고 생각할 수 있습니다. 하지만 '소통'의 측면에서 생각해 보면 그것은 진정한 배려가 될 수도, 건강한 소통이 될 수도 없습니다. 쌍방향으로 이루어질 때 비로소 진정한 소통이 이루어질 수 있으니까요. 일방적인 주장, 또는 명령과 지시는 소통이라고 할 수가 없지요. 무조건적 수긍도 마찬가지이고요.

적극적으로 의견을 나누고 소통하되, 소크라테스가 말한 것처럼 기본적으로 자신의 무지함을 인정해 보는 것은 어떨까요. '나는 이런 의견을 가지고 있지만, 이것이 꼭 정답은 아니다'라는 마음을 가지는 겁니다. 그런 마음이라면 상대방에게 내 의견을 강요하지도 않을뿐더러 타인의 의견에 더욱 관심을 두고 귀를 기울일 수 있을 테니까요.

#

당신의 삶을 반올림할 해시태그

건강한 소통을 위한 태도와 시도 :

#

#

#

#

#

#

#

#

#

#

#

#

1) 현재 가장 소통이 어렵고 부족하다고 느끼는 것은 누구와의 관계인가요?

2) 그 관계에서 소통이 어려운 이유는 무엇 때문일까요?

3) 소통을 개선하기 위해 당신은 어떤 노력을 시작하고 싶은가요?

세바시 753회 | 서로가 성장하는 소통의 기술 | 알 베 르 토 몬 디

JTBC의 <비정상회담>으로 이름을 알린 알베르토 몬디는 한국에서 사업과 방송 활동을 이어 가고 있습니다. 10년이 넘는 타국생활 동안 여러 일들을 하며 한국인들과 원활한 관계를 유지하기 위해 노력하다 보니 그만의 소통의 기술도 생겼습니다. 저서로 《이탈리아의 사생활》, 《널 보러 왔어》가 있습니다.

세바시 인생질문

81

당신이 가진 '말 그릇'의 크기는 얼마나 되나요?

사람과 사람 사이에 대화가 잘 통하는 것을 '티키타카'에 비유하여 표현하곤 합니다. 스페인어로 탁구공이 왔다 갔다 하는 모습을 뜻하는 이 '티키타카'는 빠른 공처럼 대화가 쉼 없이 오가는 것을 의미하지요. 주변을 둘러보면 누구와도 티키타카가 잘되는 사람을 볼 수 있는데, 그런 사람들의 공통점은 상대방의 마음을 충분히 살핀 후에 말을 건넨다는 것입니다. 즉, 사람의 마음을 들여다볼 줄 아는 사람, 그들은 넓은 '말 그릇'을 가진 사람일 확률이 높습니다.

사람들은 저마다 '말 그릇'을 가지고 있다고 합니다. 그 크기에 따라 말의 수준과 깊이도 달라집니다. 그래서 서로에게 위로를 받기도 하고 상처를 받기도 합니다. 크기가 달라 넘치기도 하고, 부족하기도 한 것이죠. 그럴 때 말 속에 숨겨진 사람의 진심을 들여다보는 노력이 필요합니다. 상대방을 의도적으로 아프게 하고 싶은 사람은 없을 테니까요. 단지 그 마음을 표현할 방법을, 말 그릇의 크기를 키우지 못했을 뿐입니다.

그래서 우리에겐 마음을 자라게 하는 연습이 반드시 필요합니다. 마음이 자라면 말 그릇은 자연히 커지겠지요. 어떻게 하면 진심을 잘 전할 수 있을까 고민하는 과정 속에는 정성스럽게 단어를 고르고, 어미까지도 신경 쓰는 마음이 존재합니다. 그 다정한 마음이 키운 말 그릇 속에는 분명 따뜻한 대화가 넉넉히 담기게 될 것입니다.

#

당신의 삶을 반올림할 해시태그

따뜻한 진심이 느껴진 누군가의 말 :

#

#

#

#

#

#

#

#

#

#

#

#

1) 당신의 주변에는 닮고 싶은 '말 그릇'을 가진 사람이 있나요?

2) 그 사람과 대화할 때, 당신은 어떤 기분이 드나요?

3) 당신의 '말 그릇'은 어떠한가요? 그 그릇을 좀더 키우기 위해서는 어떤 노력이 필요할까요?

세바시 1144회 | 말 그릇을 키우는 비법 | 김 윤 나

베스트셀러 《말 그릇》의 저자이자, 말마음연구소 소장입니다. '나 자신'과 '타인'과의 연결에 관하여 말하고 쓰는 것을 인생의 핵심 프로젝트로 삼고 있습니다. 누구나 저마다의 말 그릇이 있다고 말합니다. 각자가 가진 말 그릇의 크기에 따라 말의 수준이 달라지고, 관계의 깊이가 달라지기에 오늘도 마음을 자라게 하는 연습을 통한 말 그릇 키우기를 강의하고 강조합니다.

세바시 인생질문

82

당신은 오랜 기다림이 주는

가치를 알고 있나요?

사람들은 보이는 것에만 의존해서 쉽게 판단해 버리는 경향이 있습니다. 모든 면을 살펴보고 신중하게 판단하기에는 시간과 에너지가 많이 소모되는 탓이지요. 바쁜 일상에서 뭐든 빠르게 판단하는 것은 분명 효율적입니다. 하지만 눈에 보이는 작은 단서로 호불호가 극명하게 나뉜다는 위험이 있어요. 그러다 보면 점점 자신의 시야가 좁아질 수밖에 없고요.

자세히 들여다보면 많은 것이 달라집니다. 시간을 들여서 살펴보면 처음과는 생각이 완전히 달라져 버리는 경우도 있습니다. 이해하고 느끼는 과정에서 눈에 보이지 않던 많은 것들을 알게 되기도 하니까요. 눈에 보이는 것으로만 모든 걸 판단하려 한다면 우리의 세계는 무척 한정적일 것입니다.

보이는 것이 전부가 아니라는 것을 늘 기억해야 합니다. 공기처럼, 사랑처럼 눈에 보이지 않아도 그것 없이는 우리가 살 수조차 없는 것들이 많이 있습니다. '자세히 보아야 예쁘다. 오래 보아야 사랑스럽다. 너도 그렇다'라고 했던 시인 나태주의 시구처럼 어떤 것들은 시간을 두고 오래 볼 때 비로소 그 가치가 드러납니다. 보이는 이면의 것을 보려고 할 때, 작은 것일수록 시간을 들여 이해하려고 할 때 타인과의 관계 안에 발생하는 모든 현상에 대한 넓은 이해가 가능할 것입니다.

#

당신의 삶을 반올림할 해시태그

시간이 흐른 뒤 그 가치를 깨닫게 된 일 :

#

#

#

#

#

#

#

#

#

#

#

#

1) 당신이 알아 온 사람 중 첫인상은 별로였지만 알아 가면서 더욱 매력을 느끼게 된 사람에 대한 경험은 어떤 것이 있나요?

2) 당신이 지닌 물건 중 처음에는 하찮게 여겼지만 점차 애정이 생긴 물건에 대한 경험은 어떤 것이 있나요?

3) 시간이 지날수록 애정이 생긴 물건이나 사람이 있다면 무엇이 그렇게 만들었을까요?

세바시 785회 | 작게 보면 세상이 커진다 | 지 호 준

특정 사물을 확대한 이미지를 변형해 새로운 작품을 창조하는 '나노 포토그래퍼'입니다. 보이지 않는 것들을 시각적인 작품으로 만들며 세밀한 관찰을 통해 그가 가진 인식의 틀이 깨질 때마다 점점 겸손해졌습니다. 그런 과정을 수도 없이 반복하며 지금의 예술관이 자리잡게 되었습니다. "눈에 보이는 게 다가 아니다."

세바시 인생질문

83

당신은 타인의 무례한 행동에
어떻게 대처하나요?

살면서 누구나 한 번쯤은 타인의 무례한 행동에 상처받는 경험을 합니다. 상식에서 벗어난 말과 행동은 순간적으로 우리를 당혹스럽게 만들고 어떻게 반응해야 할지 혼란에 빠뜨리죠. 분명 상대방의 무례한 태도가 문제라는 것을 알면서도 당황스러운 자신의 감정을 추스리는 일에 더 급급하게 됩니다. 그런 모습을 되돌아보며 다음에는 꼭 자신의 감정을 분명히 드러내리라 다짐하지만, 막상 그 상황에 맞닥뜨리면 입이 잘 떨어지지 않습니다.

이렇듯 상대방의 말에 불편한 기색을 드러내는 건 누구에게나 어려운 일일 겁니다. 어쩌면 엄청난 용기가 필요한 일일지도 몰라요. 순간적으로 얼어붙을 주변의 분위기나 시선이 신경 쓰이기 때문이겠지요. 하지만 좋게 넘어가면 크게 문제 될 게 없을 거라고 생각하는 동안, 마음 어딘가엔 조금씩 상처가 생깁니다. 더 불행한 것은, 회복하기 어려운 상처를 마주하고 치유해야 하는 건 오롯이 자신의 몫으로 남겨진다는 사실입니다.

우리가 두려워해야 할 것은 주변의 시선이 아닙니다. 우리가 느낀 기분이나 감정을 있는 그대로 표현하는 것은 잘못된 일이 아니에요. 마음을 지키기 위해 마땅히 해야 할 권리입니다. 어쩌면, 우리가 정말 두려워해야 할 것은 회복되기 어려운 자신의 마음일 겁니다.

#

당신의 삶을 반올림할 해시태그

살면서 무례하다고 느꼈던 일 :

#

#

#

#

#

#

#

#

#

#

#

#

1) 당신을 향해 가해진 타인의 무례한 행동에 대해 어떻게 대처해 왔나요?

2) 상대방은 어떤 반응을 보였나요? 그 반응에 대해 당신은 어떤 기분을 느꼈나요?

3) 타인의 무례한 행동을 멈추기 위해, 당신은 어떤 태도를 취할 수 있을까요?

세바시 915회 | 무례한 사람에게 웃으며 대처하는 법 | 정 문 정

베스트셀러 《무례한 사람에게 웃으며 대처하는 법》의 저자입니다. 누군가의 무례한 말은 언제나 그의 고민거리었습니다. 불편했지만, 이건 아니다 싶었지만 그저 넘겨 왔던 말들이 어느 순간 상처가 되었다는 것을 깨닫고 나서는 불편할 때면 불편하다고 표현을 하기 시작했습니다. 좋게 좋게 넘어가지 않아야 좋은 세상이 온다고 믿기 때문입니다.

세바시 인생질문

84

이별의 순간에도 당신은

최선의 선택을 내리고 있나요?

세상에 아프지 않은 이별은 없습니다. 나이와 기간에 관계없이 누군가와 끝을 맺는다는 건 결코 쉬운 일이 아니지요. 오랜 시간을 두고 서서히 멀어지더라도 마찬가지일 겁니다. 무 자르듯 냉정한 마음으로 잘라내도 아픔은 찾아옵니다. 그래서일까요. 괴로운 심정을 감당하지 못하고 해서는 안 될 실수를 저지르기도 합니다. 이별의 순간을 회피해 버리거나 얼렁뚱땅 무마해 버리려는 모습은 상대방에게 씻을 수 없는 상처를 남깁니다. 누구에게나 어렵고 힘든 과정일 이별. 어떻게 대처해야 옳은 걸까요?

사랑에 정답이 없듯 이별에도 정답은 없겠지만, 어떤 이별을 했느냐가 어떤 사랑을 했는지에 영향을 주는 것은 변함없는 사실입니다. 즉 아름다운 이별이 있어야만 아름다운 사랑으로 기억될 수 있어요. 여기서 말하는 '아름다움'은 충분한 시간과 노력을 의미합니다. 충분히 아파하고 충분히 괴로워하는 시간이 있어야만 서로를 위한 이별에 도달할 수 있습니다.

그 시간을 오롯이 보낸 사람에겐 분명 다른 이별이 기다리고 있을 겁니다. 내 마음 어딘가가 성숙해졌음을 스스로도 느낄 수 있는 이별. 새로운 사랑이 찾아왔을 때 한뼘 자란 자신을 느낄 수 있는 그런 이별 말입니다.

#

당신의 삶을 반올림할 해시태그

이별의 순간에 꼭 해야 할 일 :

#

#

#

#

#

#

#

#

#

#

#

#

1) 이별을 준비할 때, 당신은 어떤 과정을 거치나요?

2) 이별로 인해 큰 상처를 받았을 때 당신을 유독 아프게 한 것은 무엇인가요?

3) 새로운 시작에 도움이 되었던 이별은 어떤 이별이었나요?

세바시 677회 | 이별해도 괜찮게 | 김 지 윤

좋은연애연구소 소장입니다. 관계와 소통에 관한 이야기를 탁월한 유머와 통찰과 함께 전하는 뛰어난 강연가이며 작가입니다. 사랑을 시작하고 지속하는 방법 만큼이나 사랑을 끝내는 것 또한 우리 삶의 중요한 일입니다. 안전한 사랑과 이별, 그 핵심에는 존재에 대한 존중과 배려가 있습니다.

세바시 인생질문

85

당신이 가진 상처를

다른 이와 나눠 본 적이 있나요?

세상에 상처받지 않고 살아가는 사람은 없습니다. 시간이 흘러감에 따라 자연히 치유된 상처도 있지만, 어떤 계기로 인해 잘 아물어 가던 상처가 덧나는 일도 생기지요. 하지만 상처를 어떻게 다루느냐에 따라 결과는 완전히 달라질 수 있어요. 우리 삶에 독약이 될 수도, 명약이 될 수도 있는 것이 또한 '상처'이니까요.

우리는 때때로 비슷한 상처를 가진 사람을 만나게 됩니다. 서로가 위로를 넘어선 진정한 연민과 공감을 나누게 되지요. 상처를 안고 살아가는 것이 나 혼자만이 아님을 깨닫게 되고, 함께 극복해 나갈 용기를 얻습니다. 그 과정에서 우리 마음은 조금씩 회복의 힘을 갖습니다. 그리고 삶의 의미, 우리 존재의 의미까지도 생각해 보게 되지요. 그러기 위해선 먼저 스스로의 상처를 꺼내 놓을 용기가 필요합니다. 자꾸만 숨기고 감추는 상처가 아닌, 함께 나누고 공감하는 상처. 거기서부터 상처의 역할은 완전히 달라지기 시작합니다.

이제 자신이 가진 상처를 천천히 들여다보세요. 그리고 같은 상처를 가진 사람이 있는지, 주위를 한번 돌아보시기 바랍니다. 당신은 그들과 상처를 나눌 준비가 되어 있나요? 그런 용기를 갖는다면, 마음에 남은 상처들은 시도 때도 없이 스스로를 찌르는 상처가 아닌, 한발 더 앞으로 나아가게 하는 영광의 상처로 기억될 수 있습니다.

#

당신의 삶을 반올림할 해시태그

마음에 남아 있는 상처 :

#

#

#

#

#

#

#

#

#

#

#

#

1) 상처받은 기억 때문에 겪는 가장 큰 괴로움은 무엇인가요?

2) 누군가와 상처를 나누는 것이 위로가 되는 이유는 무엇일까요?

3) 상처로부터 얻은 깨달음은 무엇인가요?

세바시 1021회 | 상처, 서로를 살리는 희망으로 만들려면 | 추 상 미

배우이자 영화감독입니다. 다큐멘터리 영화 '폴란드로 간 아이들'를 연출했습니다. 홀로코스트를 겪어낸 참혹한 유년기를 보냈음에도 혈육 같은 사랑으로 8년간 북한의 전쟁 고아들을 보살핀 폴란드 선생님들의 실화를 담은 기록 영화입니다. 누구나 상처를 안고 살아가지만 그 상처를 드러내기란 어렵습니다. 그는 상처를 보듬어 줄 위로보다는 같은 상처를 가진 이들 간의 연대가 필요하다고 말합니다.

세바시 인생질문

86

당신은 진심 어린 사과를
건네 본 적이 있나요?

같은 일을 겪더라도 머릿속에 남는 기억은 사람마다 차이가 있습니다. 함께 나눈 대화라 할지라도 기억하는 부분은 완전히 다를 수 있어요. 그래서 우리는 누구나 상처를 줄 가능성을 가진 존재인지도 모릅니다. 아무렇지 않게 뱉은 나의 말이 상대방의 상처를 건드릴 수도 있고, 영영 잊고 싶은 기억을 헤집어 놓을 수도 있으니까요.

누구나 한 번쯤 그런 경험을 해본 적이 있지 않나요? 자신에게는 오랫동안 상처로 남아 있는 말인데, 정작 그 말을 뱉은 사람은 전혀 기억에 없다는 것을 알게 된 경험을. 마음을 털어놓지 않았다면 평생 서로가 모르는 채 지냈을지도 몰랐겠다는 깨달음을. 따라서 우리에게는 진심어린 사과를 건넬 용기와 고백의 시간을 가질 용기가 반드시 필요합니다. 그래야만 상처받은 사람, 상처 준 사람 모두 응어리를 풀 수 있어요.

만약 우리가 상처 준 존재임을 깨달았다면, 진심을 다해 사과할 수 있는 용기를 내야 합니다. 그것은 결코 부끄러운 일이 아닌, 아름다운 일입니다. 인간은 언제든 실수하는 존재이고 완전하지 않은 존재입니다. 그럼에도 우리가 함께 어우러져 살아갈 수 있는 건, 우리 모두는 진심을 다해 사과할 수 있는 존재이고, 또 용서할 수 있는 존재이기 때문일 겁니다.

#

당신의 삶을 반올림할 해시태그

의도치 않게 누군가에게 상처를 주었던 일 :

#

#

#

#

#

#

#

#

#

#

#

#

1) 누군가에게 상처를 주었다는 것조차 알지 못했던 일이 있었나요? 그것을 어떻게 알게 되었나요?

2) 그 일에 대해 솔직한 사과의 마음을 전하지 못했다면, 무엇 때문인가요?

3) 지금이라도 진심을 다해 꼭 전하고 싶은 말이 있다면 무엇인가요?

세바시 1051회 | 미안하다는 고백의 힘 | 박 재 연

리플러스인간연구소의 소장이자 국제 죽음 교육 상담 전문가입니다. 건강한 대화를 가르치는 그는 관계 회복의 첫 단계는 '미안하다'는 말 한마디라고 합니다. '미안하다'는 말의 힘은 우리가 생각하는 것보다 매우 크다는 믿음, 인간은 언제든 실수하고 완전하지 않은 존재이지만, 동시에 진심을 다해 사과할 수 있고, 또 용서할 수 있는 존재라는 믿음을 전파합니다.

세바시 인생질문

87

당신에게 맞는 마음 충전법은 무엇인가요?

우리의 마음은 몸처럼 휴식만으로 금세 나아지지 않습니다. 일정 시간 아무것도 하지 않는다고 회복되지 않지요. '번아웃 증후군'을 겪는 이유도 여기에 있습니다. 의욕적으로 일하던 사람이 어느 순간 무력감을 느끼는 이 현상은 마음이 쉬어야 할 때를 놓치거나 모른 척할 때 생기는 것입니다. 마음 상태가 어떤지 살필 여유조차 없는 요즘, 우리의 마음은 배터리가 얼마 남지 않은 휴대폰처럼 조마조마하기만 합니다.

그렇다면 마음 충전은 언제, 어떻게 이루어지는 걸까요? '마음 충전'이라고 하면 왠지 특별한 일을 해야만 할 것 같은 느낌이 들지만, 의외로 소소한 것들을 하면서 이루어지기도 합니다. 하늘을 올려다보거나, 좋아하는 디저트를 맛보는 것도 충분히 마음 충전법이 될 수 있습니다. 잠시 잠깐 하는 것만으로도 마음이 나아지는 것이 있다면 그게 바로 당신에게 맞는 마음 충전법이라고 할 수 있는 것이지요.

하루 10분이라도 좋습니다. 마음에게 괜찮은지, 조금 쉬어 가야 하는 건 아닌지 넌지시 말을 걸어 보세요. 그리고 마음이 좋아하는 일을 찾아보는 거예요. 이 작은 행동을 소홀히 하지만 않는다면, 갑작스럽게 찾아오는 무력감을 우리는 미리 예방할 수 있을 겁니다.

#

당신의 삶을 반올림할 해시태그

당신에게 힘과 위로가 되는 활동 :

#

#

#

#

#

#

#

#

#

#

#

#

1) 마음이 지쳤을 때 충전을 위해 자신에게 가장 효과적인 방법은 무엇인가요? 그 이유는 무엇인가요?

2) 최근 자신의 지친 마음을 가득 충전시켜 준 일은 무엇인가요?

3) 평소에 꾸준히 실천할 수 있는 마음 충전법은 무엇이 있을까요?

세바시 967회 | 지치고 어려울 때 어떻게 마음 충전할 것인가 | 윤 대 현

서울대병원 정신건강의학과 교수입니다. 25년 동안 상담실과 TV, 라디오 프로그램을 통해서 수많은 사람의 다양한 고민을 들어온 그는 현대인이 겪는 대부분의 정신 질환이 마음이 쉬어야 할 때를 놓쳤기 때문이라고 지적합니다. 마음에 쉼을 허락한다는 건 거창한 일 같지만, 하루 10분이라도 좋으니 마음이 좋아하는 일을 하는 것이라는 가르침입니다.

세바시 인생질문

88

당신은 '새로운 나'를 찾아

떠나 본 적이 있나요?

마음이 이끄는 대로 따라가 본다는 건 말처럼 쉬운 일은 아닌 것 같습니다. 익숙해진 것들을 손에서 내려놓는 것만으로도 불안감이 생겨나기 때문입니다. 부지런히 일상을 살아가는 주변 사람들을 보면 용기가 나지 않는 게 어쩌면 당연한 일일지도 모릅니다. 우리 사회에 '갭이어(Gap year)'라는 단어가 생겨난 배경에는 바로 이런 마음들이 있는 게 아닐까 싶습니다.

'학업을 잠시 중단하거나 병행하면서 봉사, 여행, 진로 탐색, 창업 등의 활동을 하며 앞으로의 진로를 설정하는 기간'을 뜻하는 갭이어. 이 기간은 비단 학생들이나 사회 초년생들에게만 필요한 것은 아닙니다. 누구에게나 인생을 살아가면서 지속적으로 필요한 시간입니다. 오늘 자신의 모습이 원하던 것과 다르다고 느껴질 때도, 정말 원하던 새로운 모습을 발견하고 싶을 때도 갭이어가 필요할 수 있습니다. 그 시간 속에서 만나게 될 새로운 우리의 모습은 기대 이상일지도 모르니까요.

'코이'라는 물고기에 대해 들어본 적이 있나요? 코이는 작은 어항에서 키우면 5~8cm밖에 자라지 않지만, 커다란 수족관이나 연못에 넣어두면 15~25cm의 크기로, 강에서는 최대 120cm의 대어로 자란다고 합니다. 우리의 인생도 코이와 다르지 않습니다. '갭이어'를 어떻게 보내는지에 따라 꿈의 크기도, 미래의 모습도 크게 달라질 수 있답니다.

# #

당신의 삶을 반올림할 해시태그

'갭이어'를 갖는다면 도전하고 싶은 일 :

#

#

#

#

#

#

#

#

#

#

#

#

1) 오롯이 자신의 선택에 의해 갖게 된 '혼자만의 시간'에 대한 경험은 어떤 것들이 있나요?

2) 그 시간 속에서 마주한 자신의 모습은 어땠나요?

3) 자신에게 주고 싶은 새로운 경험이나 도전이 있다면 무엇인가요?

세바시 696회 | 나를 찾는 시간, 갭이어 | 안 시 준

청년 시절 200만 원을 들고 16개월 동안 39개국을 여행한 용감한 여행가입니다. 그 여정에서 '갭이어'의 존재를 알고, 한국 갭이어를 창업했습니다. 한국 갭이어에서 그는 청년들이 자신 앞에 놓인 긴 삶의 여정에서 잠시 멈춰 서서, 스스로를 성찰하고 세상을 관찰하는 것을 돕고 있습니다.

세바시 인생질문

89

당신이 생각하는

'올바른 선택'이란 무엇인가요?

어른이 되면서 우리는 수많은 선택과 결정을 마주하게 됩니다. 크고 작은 선택 앞에서 주저하기도 하고, 결정을 미루어두는 경우도 많지요. '결정 장애'라는 말이 생겨날 정도로 많은 이들에게 결정은 어려운 과제임에 틀림없어요. 그 때문에 이러한 과제를 대신해 줄 사람을 찾거나 점술가와 같은 이들의 의견에 의존하는 경우도 종종 보게 됩니다.

선택을 너무 거대하게 생각할 필요는 없습니다. 어떤 쪽이든 장점과 단점이 있기 때문입니다. 대신 기억해야 할 것이 있습니다. 선택 이후의 행동이 훨씬 중요하다는 사실이에요. 자신이 내린 선택에 책임을 지고, 그 선택을 정답으로 만들어 가기 위해 최선을 다해야 합니다. 그것뿐이에요. 이 사실을 기억한다면 선택 과정에서 힘을 덜 들일 수 있습니다. 대신 그 이후의 태도에 더욱 신중해지겠지요.

삶에는 정답이 없습니다. 두 갈래 길 중 하나를 선택해야 할 때도 두 길을 동시에 걸어 가 볼 수 있는 방법이 없으니, 소신 있게 그중 하나를 선택할 수밖에요. 선택을 정답으로 만들어 가는 것은 오로지 자신이에요. 자신을 믿고 또 스스로가 내린 선택을 믿을 수 있다면 '선택'은 괴로움이 아닌 즐거운 과정이 될 수 있습니다. 부담감 때문에 선택을 유보시키기 보다는, 단호하게 결정한 후 그 길이 만족스런 방향을 향해가도록 부지런히 갈고 닦아 보기를 응원합니다.

#

당신의 삶을 반올림할 해시태그

선택을 주저하게 만드는 생각:

#

#

#

#

#

#

#

#

#

#

#

#

1) 무언가를 결정하거나 선택해야 할 때에 가장 어려운 점은 무엇인가요?

2) 지금까지 내린 선택 중 가장 잘한 선택이라고 여기는 것은 무엇인가요? 그 이유는 무엇인가요?

3) 지금까지도 후회하고 있는 어떤 결정이나 선택이 있나요? 이유는 무엇인가요?

세바시 762회 | 선택은 결과가 아니라 과정이다 | 이 벼 리

연극인이자 뛰어난 보컬리스트입니다. 그는 아름다운 목소리와 부단한 노력으로 다양한 음악을 하는 사람들이 모인 오디션 프로그램 <팬텀싱어>에서 우승을 거뒀습니다. 사람들은 종종 결과만 보고 한 사람의 노력을 판단하곤 합니다. 하지만 한 사람을 만드는 건 결과가 아닌 시간과 노력이라고 그는 말합니다.

세바시 인생질문

90

당신은 자기 삶의 온전한 주체로서

살아가고 있나요?

우리 모두는 사회 안에서 다양한 역할을 갖고 살아갑니다. 누군가의 딸이자 누군가의 친구, 또 누군가의 배우자이자 누군가의 동료로서 하루하루에 충실하고 있지요. 그런 역할이 많아질수록 다양한 자아가 생겨 나고 주어지는 책임도 달라지지만, 그럼에도 변치 않는 사실은 삶의 '주체'가 되어야 한다는 것입니다.

부모가 이루지 못한 꿈을 자식이 이루는 경우를 종종 볼 수 있습니다. 부모의 헌신과 강요로 인해 자식은 원하는 길을 포기하고 부모가 원하는 길을 택하는 드라마들도 참 많지요. 비단 허구 속의 이야기만은 아닐 겁니다. 삶의 주체가 되지 못한 사람은 곧 다른 사람의 인생을 대신 사는 것과 마찬가지입니다. 남들의 기준에 따라 삶이 흔들리고, 좌절에 빠지기 쉬워요. 설사 꿈을 이루더라도 타인의 만족감을 채울 뿐, 스스로 어떤 걸 원하는지, 또 어떤 걸 이루고 싶은지 깨닫지 못한 채 살아가게 됩니다. 주체가 되지 못한 삶, 그건 자유가 없는 삶이나 다름없습니다.

자신으로부터 시작된 동기, 그리고 자신이 원하는 방식으로 꿈에 한 발 한 발 다가가는 것만큼 가치 있는 일은 없을 겁니다. 그렇게 주어진 삶을 오롯이 본인의 의지로 채워 가는 것. 그게 인간에게 삶이 주어진 이유이자, 의미일 것입니다.

#

당신의 삶을 반올림할 해시태그

당신이 주체가 되어 선택하고 싶은 일 :

#

#

#

#

#

#

#

#

#

#

#

#

1) 인생의 중요한 일들을 오롯이 스스로 고민하고 결정함으로 자부심을 느낀 경험이 있다면, 무엇인가요?

2) 주체적으로 결정하지 않았기 때문에 후회가 남는 선택이 있다면, 무엇인가요?

3) 앞으로 자신의 의지대로 해나가고 싶은 일엔 어떤 것들이 있나요?

세바시 1104회 | 행복한 삶을 디자인할 때 가장 중요한 것 | 이 나 미

홍익대학교 산업미술대학원 교수, 전방위 디자인 전문회사 스튜디오바프의 대표/디자이너입니다. '북프로듀서'라는 직업을 스스로 만들어 자신만의 전문성을 창출하였으며, 공공 영역에 필요한 디자이너의 역할에 뜻을 세워 '문화 콘텐츠 프로듀서'로서 활약하고 있기도 합니다. '시민청'의 마스터플래너, '서울디자인위크 2016/2017', '서울문화예술철도'의 총감독을 역임하였습니다. 시민 개개인이 주체적 삶을 영위할 때 비로소 문화적 역량을 갖춘 사회가 실현된다고 믿고 있습니다.

세바시 인생질문

91

당신은 체력의 중요성에 대해
느껴 본 적이 있나요?

옛 속담 중에 '호랑이 굴에 들어가도 정신만 바짝 차리면 된다'는 말이 있습니다. 결코 틀린 말은 아니지만, 이곳저곳 신경 쓸 일이 너무도 많은 요즘, 정신력만큼 중요한 게 바로 체력이 아닐까 싶습니다.

큰 인기를 얻었던 <미생>이라는 웹툰을 보면, 바둑 사부가 장그래에게 이런 말을 건넵니다. '이기고 싶다면 충분한 고민을 버텨 줄 몸을 먼저 만들어. 정신력은 체력이란 외피의 보호 없이는 구호밖에 안 돼'라고. 누구나 체력이 떨어졌을 때 이런 감정을 느껴 본 적이 있을 겁니다. 더 이상 확신을 주지 않는 인내심과 부정적으로 흘러가 버리는 생각을. 용기나 결심처럼 에너지가 필요한 것들은 건강한 체력 없이는 100%의 힘을 발휘하기 어려우니까요.

매일은 어렵더라도 조금씩 꾸준히 체력을 돌보는 시간은 반드시 필요합니다. 즐거운 생각들로 마음을 단련하듯, 우리 몸에게도 즐겁게 움직이며 단련할 수 있는 시간을 주어야 합니다. 어깨를 쭉 펴고 당당하게 걷는 것만으로도 자신감이 올라간다는 말이 있듯이 우리 몸이 당당해질 수 있도록 응원이 필요합니다. 새로운 일에 도전해야 할 때, 고지를 앞두고 막판 스퍼트가 필요할 때, 잘 키워 둔 체력은 우리의 든든한 지원군이 되어 줄 것입니다.

#

당신의 삶을 반올림할 해시태그

체력을 높이기 위해 시도할 수 있는 것 :

#

#

#

#

#

#

#

#

#

#

#

#

1) 저질 체력으로 완성하지 못한 일, 또는 체력의 중요성을 절감하게 된 일과 관련한 경험으로는 어떤 것들이 있나요?

2) 체력을 키우는 데 가장 효과가 있었던 방법은 무엇인가요?

3) 꾸준히 체력을 키우기 위해 매일 실천할 수 있는 일은 무엇일까요?

세바시 1001회 | 체력 하나만 달라져도 인생의 많은 것들이 변합니다 | 이 영 미

출판 에디터로 일하며 지금까지 100여 권의 책을 만들었습니다. 하지만 책상 앞에 쪼그리고 앉은 15년 차 에디터로 살다 보니 남은 것은 고혈압과 스트레스, 저질 체력뿐이었습니다. 어느 날 나약한 정신 노동자로 사는 것에 회의를 느껴 운동을 시작했습니다. 운동을 하면서 몸이 단단해지고 체력이 강해진 것은 물론 공포심, 두려움, 스트레스, 콤플렉스 등을 이겨 내는 법까지 배웠습니다. 이제는 철인 3종을 취미로 하는 마녀 체력으로 거듭났습니다.

세바시 인생질문

92

당신에게 가장 적합한

'수면 시간'을 알고 있나요?

우리 모두에겐 하루 24시간이 공평하게 주어집니다. 매일 아침 눈을 뜨면, 주어진 이 시간을 어떻게 하면 잘 쓸 수 있을까 고민하지요. 누군가는 잠을 줄여가며 해야 할 일을 하기도 합니다. 이런 사람들을 보며 무심코 '열심히 사는 사람' 또는 '성실한 사람'이라고 판단하기 쉽지만, 잠을 줄이는 것이 반드시 더 나은 삶을 가져다주는 건 아닙니다.

세 끼를 매일 같은 시간에 먹어야만 컨디션이 좋은 사람이 있는 반면, 조금씩 여러 끼를 나눠 먹는 게 몸에 잘 맞는 사람도 있습니다. 수면 시간도 이와 다르지 않죠. 아침형 인간, 저녁형 인간도 마찬가지입니다. 지금까지 알려진 바에 의하면, 수면 패턴은 유전적으로 타고나는 것이며 쉽게 바뀌기 어려운 부분이라고 합니다. 그래서 키나 몸무게, 허리둘레 수치만큼이나 정확히 알고 있어야 하는 것이 자신에게 꼭 맞는 '수면 시간'인 것이지요.

'나는 몇 시간을 자야 행복한 사람일까?', '몇 시간을 자고 나야 가장 가뿐한 상태가 될까?' 만약 스스로에게 한 번도 던져본 적 없는 질문이라면 지금이라도 확인해 봐야만 합니다. 잠은 죄악이 아니에요. 단순히 몸을 쉬게 하는 활동도 아닙니다. '내일의 나'를 위해 몸과 마음의 상태를 최상으로 끌어올리는 과정이죠. 어쩌면 그 과정을 소홀히 하는 것이 삶을 돌보지 않는 가장 큰 죄악일지도 모릅니다.

#

당신의 삶을 반올림할 해시태그

숙면에 도움이 되는 것 :

#

#

#

#

#

#

#

#

#

#

#

#

1) 당신의 숙면을 방해하는 것은 어떤 것들이 있나요?

2) 당신의 수면 습관 중 숙면을 위해 개선이 필요한 것은 무엇인가요? 그것을 위해 어떤 노력을 할 수 있을까요?

3) 당신에게 필요한 수면 시간은 몇시간인간요? 그것을 유지하기 위해 어떤 노력을 할 수 있을까요?

세바시 1134회 | 한국인이 놓치고 사는 이 '숫자'만 바꿔도 인생이 바뀝니다 | 김 경 일

아주대학교 심리학과 교수입니다. 딱딱한 심리한 이론을 실생활과 연결지어 쉽게 풀어 설명하는 능력이 탁월합니다. 전 세계의 심리학자들과 다양한 연구를 진행하면서, 한국인들이 유독 놓치고 사는 숫자에 주목하게 되었습니다. 수면 시간에 대한 그의 연구는 잠을 죄악시하며 매일을 바쁘게 살아가던 피곤한 한국인들에게 새로운 시각을 선사했습니다.

세바시 인생질문

93

당신에게 '집밥'은

어떤 의미인가요?

'혼밥'이 유행하는 시대입니다. 편의점만 가더라도 혼자 먹을 수 있는 음식들이 다양해진 것을 느낄 수 있습니다. 대가족보다는 1인 가구가 더 흔해지고, 커다란 상차림보다 단출한 간편식이 더 익숙한 요즘, '집밥'의 의미에 대해 생각해 보게 됩니다.

캐나다의 맥길대학교에서는 '집밥'에 대한 재미있는 연구를 했습니다. 가족과 저녁을 먹는 것만으로도 청소년들이 정서적으로 더 안정되고 삶의 만족도가 높아진다는 결과를 얻었지요. 어떤 음식을 먹었는지는 결과에 큰 영향을 끼치지 않았습니다. 함께 밥을 먹는다는 것이 단순히 '먹는 것'의 의미만 갖고 있지는 않다는 뜻이겠지요. 물론, 혼자서 먹을 때도 편안하고 즐거울 수 있습니다. 누군가와 시간을 맞추기 위해 애를 쓸 필요도 없고, 더 자유롭게 메뉴를 선택할 수도 있을 겁니다. 하지만 우리에겐 누군가와 마주 보고 이야기를 나누며 먹는 시간이 필요합니다. 밥을 먹는다는 것은 배를 채우는 행위를 넘어 마음까지 함께 채우는 행위니까요.

오랜만에 부모님 댁을 찾는 사람들에게 우리는 버릇처럼 말합니다. 집밥 실컷 먹고 오라고. 재충전 듬뿍하고 오라고. 그만큼 우리에게 있어 집밥의 의미는 결코 사소하지 않습니다. 온 가족이 둘러앉아 함께 따뜻한 밥을 나눠 먹은 기억은 오래도록 우리 마음에 식지 않는 기억으로 남을 것입니다.

#

당신의 삶을 반올림할 해시태그

기억에 남는 집밥의 경험 :

#

#

#

#

#

#

#

#

#

#

#

#

1) 당신에게 '식사 시간'은 어떤 의미인가요?

2) 집밥이 가장 그리울 때는 언제인가요?

3) 누군가와 함께 먹는 밥은 당신에게 어떤 의미를 갖나요?

세바시 958회 | 오늘 저녁은 어디서 먹을까요? | 이 욱 정

명품 다큐 <누들로드>, <요리인류>를 연출한 PD입니다. 프랑스 르 코르동 블루 요리 학교 과정을 마친 실력 있는 셰프이기도 합니다. 10개국을 누비며 요리와 식문화가 담긴 프로그램을 만들어 2010년 방송통신위원회 방송대상 대상을 수상했습니다. 화려하고 특별한 전 세계의 여러 요리를 접했지만 결국 그가 주목한 요리는 집밥입니다.

세바시 인생질문

94

은퇴 후, 당신은
어떤 삶을 꿈꾸나요?

100세를 넘어 100세 플러스 시대가 도래한 지금, 우리에겐 새로운 과제가 생겼습니다. 건강한 신체를 유지하는 방법만큼 오래도록 사회 활동을 유지하는 방법을 고민하게 되었지요. 직장을 다니고 있는 사람이라면 60세 이후의 삶을 상상해 본 적이 있을 겁니다. 하지만 아침부터 저녁까지 빼곡히 차 있는 일정이 어떻게 달라질지 구체적으로 떠올리기란 쉽지 않은 것 같습니다.

만약 60세에 퇴직을 하고 80대까지 산다고 가정한다면, 우리에겐 약 80,300시간의 여유가 생긴다고 합니다. 햇수로 따지면 약 36년에 해당하는 시간이지요. 상상한 것보다 훨씬 많은 시간을 우리는 새로운 일로 채워야 한다는 뜻입니다. 그게 평생을 해온 일의 연장선일지 전혀 새로운 일일지 확신할 수 없겠지만, 한 가지 확실한 건 현역일 때 차근차근 준비해 나가야 한다는 사실입니다. 그때가 되면 우리가 생각하는 일의 가치도 달라질 수 있습니다. 사회적 권위나 체면보다는 이 일로 인해 어떤 기쁨을 느낄 수 있는지, 또 사회에 어떤 도움을 줄 수 있을지에 대한 부분이 커질 수도 있겠지요.

이렇듯, 앞으로의 삶에서도 건강과 경제적 자유를 얻기 위해 평생 현역을 실천 해가는 것, 어쩌면 재테크보다 훨씬 더 중요한 일일지도 모르겠습니다.

#

당신의 삶을 반올림할 해시태그

은퇴 후 새롭게 도전하고 싶은 일 :

#

#

#

#

#

#

#

#

#

#

#

#

1) 70세가 된 당신의 하루를 계획해 본다면 어떤 모습이며, 어떤 일들로 채워질까요?

2) 은퇴 후에 하게 될 일들은 지금 하는 일과 어떤 점이 다를까요?

3) 은퇴 후 만족스런 삶을 누리기 위해 지금 무엇을 준비해 볼 수 있을까요?

세바시 233회 | 100세 시대, 행복한 미래는 평생 현역에 있다 | 강 창 희

트러스톤 연금포럼의 대표이며 노후 설계 전문가입니다. 그는 행복한 노후를 원한다면 '평생 현역으로 살아가라'고 조언합니다. 이를 위해서는 경제 관념 세우기, 연금 준비하기 등 철저한 노후 준비가 필요하다는 것을 강조합니다. 그의 조언은 건강과 경제적 자유를 얻고자 하는 이들의 열렬한 환호를 받고 있습니다.

세바시 인생질문

95

당신에게 꼭 맞는 집은 어떤 모습일까요?

코로나19로 인한 팬데믹 상황이 장기화되면서 '집'의 의미에 변화가 생기고 있습니다. 집을 거점으로 한 '일상'의 내용이 점점 확장되고 있음을 알 수 있습니다. 일터인 동시에 휴식 공간이면서 또 취미 생활이나 운동을 하는 공간이기도 하죠. 만남의 장소가 될 수도 있고요. 이렇게 집의 의미가 확장된 만큼 집을 잘 가꾸는 것이 중요해졌습니다. 물리적으로 큰 것만이 좋은 게 아니라, 심리적으로 큰 휴식과 만족을 줄 수 있는 공간이어야겠지요. 또 자신의 취향에 꼭 맞도록 만들어 가야 할테고요.

그러기 위해서 '집은 꼭 이런 모습이어야 한다'는 고정관념에서 벗어날 필요가 있습니다. 다른 사람들이 대부분 이런 집에서 살기 때문에 자신의 집 또한 그래야 한다는 생각도 위험하죠. 남들에게 좋은, 혹은 남들 눈에 보기 좋은 집이 아닌 자신에게 가장 적합한 집이어야 하니까요.

사람과 사람 간에 궁합이 중요하듯이 '공간'과 '나'의 궁합도 중요합니다. 그렇기에 스스로에 대한 이해가 높을수록 알맞은 집을 구하고 만들어갈 수 있겠죠. 그러면 집을 통해 좋은 에너지를 충전할 수 있을 것이고요. 무작정 큰 집을 원하고 멋진 인테리어에 힘을 쏟기 이전에 질문해 보았으면 좋겠습니다. 당신에게 집은 어떤 의미인지, 또 당신이 집에서 기대하는 것은 무엇인지에 대해서요.

#

당신의 삶을 반올림할 해시태그

당신에게 꼭 맞는 집의 조건 :

#

#

#

#

#

#

#

#

#

#

#

#

1) 그중에서도 반드시 갖춰야 할 세 가지 조건을 꼽는다면 무엇인가요?

2) 당신에게 꼭 맞는 집을 갖기 위해 버려야 할 '고정관념'은 무엇일까요?

3) 지금의 집을 자신에게 꼭 맞는 집으로 만들어 가기 위해 필요한 변화는 무엇일까요?

세바시 1121회 | 잘 사는 건 집을 늘리는 게 아니라 줄이는 것이다 | 임 형 남

가장 편안하고, 인간답고, 자연과 어우러지는 공간을 위해 끊임없이 고민하고 연구하는 가온건축의 대표입니다. 공간에 녹아 있는 이야기, 자신에게 알맞은 공간을 탐색하여 찾아 낸 사람들의 이야기를 듣는 것을 즐깁니다. 많은 이들이 넓은 공간이 삶의 질을 높일 거라고 생각하지만, 그에게 최고의 공간은 '편안한 공간'입니다. 이를 위해서는 고정관념에서 벗어나 진짜 '나'에 대해 알아가는 작업이 필요합니다.

세바시 인생질문

96

어떻게 하면 아름답게 나이 들어 갈 수 있을까요?

일본의 화장품 브랜드 시세이도의 광고에서 이런 카피를 내놓은 적이 있습니다. “항상 웃으며 살았더니 웃음 주름살이 생겼다. 이런 주름살이라면 괜찮지 않을까.” 주로 안티에이징이나 화이트닝을 강조하는 대부분의 화장품 광고와는 너무도 다른 카피였죠. 남다른 카피로 인해 이 광고는 사람들에게 큰 감동을 주었습니다. 시간과 고운 마음이 만든 아름다움은 세상에서 가장 얻기 어려운 아름다움일 테니까요.

세기의 연인이자 20세기 대중문화의 아이콘이었던 오드리 헵번은 이러한 아름다움을 몸소 보여 준 배우인 것 같습니다. 유니세프의 국제 친선 대사로 임명된 후, 화려한 배우의 길을 접고 전쟁이나 자연재해로 고통받는 아이들의 곁을 지켰죠. 세상과 작별하기 직전까지 도움의 손길을 내밀었던 그녀의 얼굴은 한결같이 아름다웠습니다. 배우였던 시절보다 더욱더 아름답게 빛났죠.

세상에 아름다운 얼굴을 원하지 않는 사람은 없을 겁니다. 나이 들수록 더욱 그럴 거예요. 거울 속에 조금씩 변해 가는 얼굴을 볼 때마다 이 이야기를 떠올려 보면 어떨까요? 아름다운 눈을 갖고 싶으면 다른 사람에게서 좋은 점을 보고, 아름다운 입술을 갖고 싶으면 친절한 말을 하라던 오드리 헵번의 이야기를 말입니다.

#

당신의 삶을 반올림할 해시태그

나이가 들어도 여전히 아름다울 수 있는 것 :

#

#

#

#

#

#

#

#

#

#

#

#

1) 나이 들수록 아름다운 사람의 특징은 무엇일까요?

2) 당신을 아름답게 만드는 생각에는 어떤 것들이 있을까요?

3) 80세가 되었을 때 당신은 어떤 모습이기를 바라나요?

세바시 1092회 | 나이 들수록 아름다운 얼굴을 가지려면 | 조 세 현

사진 작가입니다. 대중 문화 예술 분야의 스타들을 찍어 유명세를 얻었습니다. 더불어 고아, 노숙인, 장애인 등 우리 사회 소외된 사람들도 사진 프레임에 담았으며, 그들을 위한 공익 사업에도 헌신해 오고 있습니다. 사진을 통해 수만 명의 얼굴을 만나면서, 오늘도 그는 사진가의 시선으로 삶의 진실을 좇고 있습니다.

세바시 인생질문

97

당신이 삶을 통해 추구하는 것은

무엇인가요?

설정한 목표를 이루기 위해 노력하고 그 목표를 이루지 못할까 봐 조바심 냈던 경험은 누구에게나 있을 겁니다. 요즘의 사회는 특히나 더 목표 지향적인 삶을 부추기는 듯합니다. 따라서 끊임없이 목표를 세우고 쫓기듯 그 목표에 달성하기 위해 자신을 밀어붙이는 사람들이 늘어나고 있습니다.

그러다 어느 순간 우리는 공허해집니다. '내가 왜 이렇게까지 노력하는거지?'라는 의문이 들기도 하고요. 그렇다면 그 목표는 자신을 위한 것이 아니었을 수 있습니다. 부모님이 원해서, 남들보다 뒤처지지 않기 위해서, 다들 그렇게 하니까 세웠던 목표는 아니었을까요. 우리가 이루어 가는 목표들은 스스로의 삶의 가치와 연결되어야 합니다. 이 삶에서 궁극적으로 무엇을 원하는가, 무엇을 추구하는가가 확고할 때 그에 알맞은 목표가 자동적으로 생겨나지요.

삶의 이유를 찾는다는 것, 존재의 이유를 정의한다는 것은 두려움이 따르는 일입니다. 하지만 남들의 뒤를 쫓는 삶, 뒤처지지 않기 위해 아등바등 살아야 하는 삶이 아닌 진정한 자기만의 세계를 가꾸고 싶다면 용기 내어 스스로에게 되묻고 답할 수 있어야 합니다. 그렇게 해서 세운 목표를 이룬 후의 성취감은 수동적인 목표를 이뤘을 때의 기분과는 비교조차 할 수 없을 만큼이겠고요.

#

당신의 삶을 반올림할 해시태그

당신이 추구하는 삶의 가치:

#

#

#

#

#

#

#

#

#

#

#

#

1) 지금까지 세워 왔던 목표 중 당신이 추구하는 삶의 가치와 일치하는 목표는 어떤 것들이 있나요?

2) 성취했지만 충분히 만족스럽지 않거나 행복하지 않았던 목표가 있다면 무엇인가요? 어떤 이유 때문일까요?

3) 추구하는 가치에 맞게 새롭게 세워 보고 싶은 목표가 있다면 무엇인가요? 그것이 당신 삶에 어떤 변화를 가져다주기를 기대하나요?

세바시 728회 | 이럴 거면 왜 태어난걸까 라는 생각이 들 때 | 표 시 형

동기 부여 콘텐츠기업 열정에기름붓기 대표입니다. 최근에는 커뮤니티 서비스 기업으로 성장했습니다. 그는 어느날 노력을 멈추기 위해 노력하고, 일을 그만하기 위해 일을 열심히 하는 모순의 삶을 발견하고는 질문을 던집니다. 우리는 왜 살지? 무엇 때문에 일하지? 이 질문들은 결국 열정에기름붓기 콘텐츠를 탄생시킵니다. 그는 우리 목표와 자발성이야말로 삶을 이끄는 에너지라고 생각합니다.

세바시 인생질문

98

더 나은 삶을 위해

당신에게겐 어떤 준비가 필요할까요?

스포츠 경기에서 전반과 후반 사이 휴식 시간인 하프 타임을 가지듯, 인생에는 4번의 하프 타임이 주어진다고 합니다. 그 시기는 바로 청소년기, 청년기, 중년기, 노년기입니다. 하프 타임은 휴식을 위한 동시에 후반전을 위해 작전을 세우는 시간이지요. 지금 당신이 어떤 시기에 서 있든, 하프 타임을 통해 다시 새로운 인생을 준비해 볼 수 있습니다. 특히나 이제는 평균 수명이 늘어났기 때문에 휴식과 중간 점검은 필수라고 할 수 있어요.

삶이 녹록치 않다고 해서 무작정 전력질주하는 것만이 정답은 아닙니다. 뒤처지는 것 같은 마음 때문에 조바심과 불안으로 앞만 보고 달린다면 금세 지칠 수 있어요. 이때까지의 삶이 만족스럽지 않았다면, 후반전에서 작전을 바꾸어 충분히 역전해 볼 수도 있습니다. 새로운 시도들도 충분히 해볼 수 있고요. 그러기 위해서는 여유를 가지고 자신을 점검해 보는 시간이 필요합니다. 마음의 휴식을 주면서 동시에 앞으로의 시간을 차근차근 준비해 보는 겁니다.

지금보다 훨씬 더 긴 인생을 걸어가야 할 우리. 잠깐만 속도를 늦추고 하프 타임을 가지는 건 어떨지요. 지친 몸과 마음을 충전하는 그 시간이 더 나은 미래를 향해 가는 터닝 포인트가 되기를 바랍니다.

#

당신의 삶을 반올림할 해시태그

인생의 하프 타임에 고민해 봐야 할 것 :

#

#

#

#

#

#

#

#

#

#

#

#

1) 지금까지 살아온 삶 중 만족스러운 부분은 어떤 부분인가요?

2) 지금까지 살아온 삶이 만족스럽지 않거나 후회가 된다면, 그 이유는 무엇인가요?

3) 앞으로의 시간을 이전보다 더 만족스럽게 보내기 위해서는 어떤 계획과 변화가 필요할까요?

세바시 794회 | 쉴 수 있는 용기, 하프 타임 | 박 호 근

하프타임코리아 대표와 진새골 가정문화연구원장으로 활동하고 있습니다. IMF로 전국민이 힘들어할 때, 하프 타임의 중요성을 깨닫고 '한국형 하프 타임'을 창시했습니다. 하프 타임은 인생의 변화를 위해 더 나은 가치 창조에 도전하는 시간입니다. 앞만 보고 달리다가 쓰러지지 않고 안전하고 행복하게 최종 목적지에 도달하기 위해서는 자신의 하프 타임을 알아야 합니다.

세 바 시 인생질문

99

'지속 가능한 삶'을 위해

당신은 무엇을 할 수 있을까요?

코로나19로 인해 공장 가동이 중단되고 거리를 오가는 차량이 드물어지면서 생태계에 긍정적인 변화가 찾아왔다고 합니다. 공기도 좋아지고 보이지 않던 야생 동물이 모습을 드러내기도 했습니다. 인간의 욕심과 편리를 위해서 그간 자연이 제 모습대로 살지 못하였음을 생각하게 되는 지점입니다.

사실 지구는 인간만이 사는 곳이 아닌데도 불구하고 인간이 인위적으로 계획하고 조작하는 부분이 많습니다. 다른 동물이나 식물은 생긴 대로 살아가지만, 오직 인간만이 '더 많이 얻기 위해서' 자연을 변형시키고 또 망가뜨리기도 합니다. 특히나 인간에게 이득이 되는 유전자만 인위적으로 대량 생산하고 공장식 가축을 함으로써 자연의 다양성을 파괴하고 있습니다.

인간들 사이에서도 서로 간의 다양성을 존중하며 살아가야 하는 것처럼 자연 안에 존재하는 생명의 다양성을 존중하는 것도 무척 중요합니다. 다양성은 생존의 필수 조건이에요. 인간의 이익을 위해서 생태계를 인위적으로 조작한다면 결국엔 사람에게 그 피해가 돌아올 수밖에 없다는 점을 명심해야 합니다. 우리 삶이 건강하고 아름답게 유지되기 위해 다른 생명이 제 모습대로 살아가는 데에도 관심을 가져 보는 건 어떨까요.

#

당신의 삶을 반올림할 해시태그

인간이 자연의 다양성을 파괴하는 사례 :

#

#

#

#

#

#

#

#

#

#

#

#

1) 공장식 가축 혹은 유전자 조작에 대해 어떤 생각을 가지고 있나요?

2) 인간의 인위적인 조작으로 자연의 다양성이 줄어들면서 우리가 입는 피해는 무엇인가요?

3) 모든 생명이 공존하고 공생할 수 있도록 우리는 어떤 노력을 할 수 있을까요?

세바시 1176회 | 자연은 순수를 혐오한다 | 최 재 천

이화여자대학교 석좌 교수입니다. 세계적인 생물학자인 에드워드 윌슨의 제자로서 공부했고, 그의 '통섭' 개념을 한국에 소개하면서 학계와 일반 사회에 널리 이름을 알렸습니다. 현재는 생명다양성재단의 대표로 자연의 다양성 보존을 위해 힘쓰고 있습니다. 보통 자연은 순수해야 아름답다고 생각하지만, 최재천 교수는 반대라고 주장합니다. 그가 평생 자연 생태를 연구하며 깨닫게 된 사실은 자연은 오히려 순수를 혐오한다는 사실입니다. 자연은 오직 다양성의 토대 위에서만 풍요로워지기 때문입니다.

세바시 인생질문

100

당신의 오늘은 10년 뒤

어떤 미래를 가져다줄까요?

어떤 분야든 이미 큰 성과를 거둔 이들의 성공은 너무 거대해 보여서 자신과는 무관하다고 생각하기 쉽습니다. 하지만 뒷이야기를 살펴보면 그들도 결국에는 아주 작은 것에서 시작했다는 것을 알 수 있어요. 아무리 엄청난 일도 시작은 한걸음부터니까요.

큰일을 이루고 싶은데 지금 자신이 너무 초라해 보인다고 해서 조바심을 낼 필요가 없습니다. 누구도 처음부터 거창하게 해낼 수는 없어요. 마음의 여유를 가지고 아주 작은 첫걸음을 떼야 합니다. 무엇부터 해야 할지 막막하다면 자신이 좋아하는 것, 혹은 평소 관심 있어 하던 일부터 출발하면 됩니다. 그래야 부담이 덜어지니까요. 거기에서 점차 확장시켜 나가는 것입니다.

기억하세요. 처음부터 큰 그림을 그리기보다는 작은 것을 하나씩 차곡차곡 쌓아 가야 한다는 것을요. 그런 하루가 매일이 되고, 매일이 모여서 결국 크고 단단한 성과를 만들어내고 있을 겁니다. 시간이 걸릴 수는 있겠지만 자신을 믿어 주세요. 오늘부터 작게 시작해 보시길 바랍니다. 그렇게 '매일 조금씩'의 힘이 이어진다면 5년 뒤, 10년 뒤 당신의 미래는 결코 작지 않은 성과를 보게 될 거라 확신합니다.

#

당신의 삶을 반올림할 해시태그

오늘부터 매일 조금씩 시도할 수 있는 일 :

#

#

#

#

#

#

#

#

#

#

#

#

1) 평소 자신이 좋아하는 혹은 관심이 많은 분야는 무엇인가요?

2) 시도해 보고 싶지만, 아직 발을 떼지 못한 꿈이 있다면 무엇인가요?

3) 그 꿈을 이루기 위한 작은 시도에는 어떤 것들이 있을까요?

세바시 1055회 | 창업가로서 내가 집중하는 일 | 김 슬 아

신선한 음식을 새벽에 배송하는 서비스 마켓컬리의 대표입니다. 마켓컬리만의 특별한 인사이트와 마케팅 비결이 담긴 책《마켓컬리 인사이트》는 이제 마케터들의 필수 도서가 되었습니다. 하지만 그를 사로잡은 것은 대단한 인사이트나 거창한 비전이 아닌, 일상의 사소한 고민이었습니다.

에필로그

당신의 '내일을 바꾸는 글쓰기'를 위한 책 만들기

사막 건너가기

흔히들 '삶'을 '사막을 건너는 일'에 비유합니다. 어느날 막막한 사막의 한가운데 놓여진 '나'를 발견하는 순간, 우리는 '사막을 건너야 하는 운명'을 지닌 존재라는 것을 알게 됩니다. 이 세상에 태어난 순간 자기에게 주어인 삶을 살아 내야 하는 운명이 주어지는 것처럼요. 왜 태어난 건지, 왜 사막인 건지 묻고 싶지만 우리에게 주어진 질문의 선택이 많지 않다는 것도 알게 됩니다. 어떻게 사막을 건널 것인가. 그 한 가지 질문이 있을 뿐이라는 것도요.

사막을 건너는 동안 가장 깊게 하게 될 질문은 바로 '나 자신'에 대한 질문입니다. 사막을 건너는 주체로서 '나'를 알아야만 그 사막을 어떻게 건널 것인지를 알게 되니까요. 그래야만 자신이 바꾸고 싶은 내일에 다다를 수 있을 테니까요.

《세바시 인생질문》은 사막을 건너기 위해 필요한 '나'에 대한 답을 찾게 하기 위한 질문입니다. 1부에서는 반복되는 일상 속에 잊고 있었던 '나는 누구인가'라는 질문을, 2부에서는 스스로의 내면에 귀 기울이기 위해 '나는 무엇을 원하는가'라는 질문을, 3부에서는 자신이 원하는 것을 이루어

나가기 위해 '나는 무엇을 할 것인가'라는 질문을 던집니다.

질문 만들기

질문을 어떤 방법으로 풀어내고 꿰어 낼 것인지는 정말 만만치 않은 작업이었습니다. 1,300개가 넘는 세바시 강연으로부터 100개를 추리는 일도 쉽지 않았지만 그것을 바탕으로 질문의 주제를 정하는 일, 그리고 그 질문들로 각 권에 맞는 흐름을 만들어 내는 일은 그 자체로 대단한 도전이 아닐 수 없었지요. 100개의 질문에 대해 다시 각 3개씩, 총 300개의 세부 질문의 내용과 맥락을 조율하는 일은 정말 끝도 없이 뒤집고 다듬는 작업의 연속이었습니다. 인생질문의 목적은 오직 하나, 각 질문에 대한 답을 쓰는 행위를 통해 각자의 '내일을 바꾸는 글쓰기'를 실현하도록 하는 것이니까요. 그것을 위해 각 질문을 맞이하게 될 다양한 사람들의 머릿속에, 마음속에 일어나게 될 생각과 감정들을 미리서 헤아려 보는 일, 그로써 다양한 생각의 접점, 글쓰기의 접점을 만드는 일은 고도의 팀워크를 필요로 했습니다. 두 명의 구성 작가와 함께한 긴밀한 협업의 과정, 그리고 세바시 운영팀과 함께한 점검의 과정를 통해 완성하게 된 질문들은 장장 1년이 걸린, 엄청난 '집단 지능'과 '집단 지성'의 결과물이라 할 수 있을 겁니다.

내일을 바꾸는 글쓰기

'내일을 바꾸는 글쓰기'는 크게 4단계로 구성이 되어 있습니다. 1단계는 화두를 던지듯 질문 형식의 제목과 이에 대한 이해를 돕기 위한 글 한 편을 제시함으로 주제에 집중할 수 있도록 합니다. 2단계는 본격적인 글쓰기에 앞서 가볍게 준비 운동을 하듯, '내 삶을 반올림할 해시태그'라는 제목하에 글쓰기의 주제를 던지고 머릿속에 떠오르는 글쓰기의 아이템들을 짧게 메모하도록 합니다. 3단계는 본격적인 글쓰기가 이루어지는 단계로, 구체적이고 디테일한 자신만의 생각을 끌어낼 수 있도록 단계별, 또는 관점별로 변화를 주어 제시된 3개의 질문을 만나도록 합니다. 마지막 4단계로, 그 질문의 원천이 되었던 세바시 강연으로의 연결을 위한 QR코드와 강연자의 소개가 제시되어 있습니다. '인생 도서관', 또는 'Human Library'라 이름 붙일 만한 든든한 도서관으로 안내한다고나 할까요? 스마트폰의 QR코드 스캐너 앱을 이용하면 누구든 언제든 자유로이 활용할 수 있는 인생 도서관의 카운셀러를 만날 수 있게 되는 겁니다.

인생질문에 답을 쓰는 방법은 고민이 필요합니다. 한번에 채우려 하지 말고, 시간을 두고 천천히 채워 갈 것을 권합니다. 정해진 순서대로일 필요도 없지요. 당신의 마음을 먼저 노크하는 질문부터 시작해도 좋습니다. 각자의 쓰기 스타일에 따라 필기도구 및 방법에 있어서도 신중한 선택이 필요합니다. 연필로 쓰며 지울 수 있도록 하기, 펜으로 써서 줄을 그어 지워가며 흔적을 남길 수 있도록 하기, 빈 종이에 무턱대로 글을 써가는 게 두렵다면 컴퓨터로 먼저 글을 쓰고 펜으로 옮겨 적기 등 각자가 가장 편안하게 느끼는 방법이 되어야 합니다.

'낙타'가 이끄는대로 따라가기

사막을 건너는 일에 낙타 한 마리가 등장합니다. 막막한 사막을 배경으로 묵묵히 앞을 향해 걷는 낙타는 사막을 건너는 이를 위한 조력자일 수도 있고, 당신 자신이라 여겨 볼 수도 있지요. 조력자가 필요하다면 세바시가 기꺼이 그 역할을 담당합니다. 당신에게 필요한 인생질문을 던지며

답을 찾게 하고 그로써 사막에서 길을 잃지 않도록 하는 '스파링 파트너(sparring partner)'가 되는 겁니다. 낙타를 사막을 건너는 이, 즉 당신 자신이라 여긴다면 당신은 객관화된 자신, 또는 자신의 아바타로서의 낙타에게 스스로 질문을 던지고 그에 대한 답을 찾도록 하며 낙타가 길을 잃지 않도록 돌봐야 합니다.

책 표지의 재킷 디자인은 사막을 배경으로 홀로 서있는 사람을 묘사하고 있는 미니멀한 일러스트레이션(기마늘 작)을 통해 '나'를 감정 이입할 수 있도록 연출하였습니다. 막막한 사막의 한가운데에서 방향을 잃은 당신, 석양에 물든 사막에서 자신만의 자유를 누릴 수 있게 된 당신, 모래 언덕에서 보드를 타며 사막을 즐길 줄 알게 된 당신 등 표지에 제시된 이미지에 인생질문과 함께 성장하는 당신의 모습을 대입해 볼 수 있습니다.

책 표지를 넘겨 내지 첫 페이지에서 만나게 되는 '낙타'를 주인공으로 한 짤막한 스토리텔링은 사막을 건너는 낙타의 시각과 태도를 설명해 줍니다. 한낮의 뜨거운 태양이, 초저녁 하늘에 뜬 달이, 모래언덕을 달리는 바람이 낙타에게 묻고 일깨워 주는 상징적 질문과 답은 세바시 인생질문을 통해 성장하게 될 당신을 가늠해볼 수 있게 합니다.

'낙타'는 질문의 제목 페이지에 반복적으로 등장합니다. 3부에 나뉘어 만나게 될 100개의 질문을 통해 당신 안에 숨겨져 있는 '답'을 찾아가는 과정 동안 '사막을 건너는 낙타'에 감정 이입할 수 있도록 의도된 연출이지만, 책의 어디에도 낙타에 대한 이야기는 없습니다. 《세바시 인생질문》은 낙타에 대한 이야기가 아니라, 바로 당신 자신에 대한 이야기이기 때문입니다.

당신에 의해 완성될, 당신이 주인공인 책 만들기

《세바시 인생질문》에는 당신에 의해 채워질 빈 공간이 넉넉히 마련되어 있습니다. 그곳은 당신를 위한 조용한 방이 되기도 하고, 당신이 주인공인 무대가 되기도 합니다. 그 공간을 통해 당신에게 인생질문을 던질 목소리가 어떤 느낌으로 전달되면 좋을지를 고민합니다. 책 안에 찍힌 활자는 책을 읽는 행위를 통해 만나게 될 '목소리'와 같기 때문이죠. 진지하지만 고루하지 않은, 삶의 주체로서 당당한 태도를 지닌 그런 목소리가 되기를 바라며 선택한 글씨체는 '아리따-부리'로, 같은 명조체라도 분명히 차별화된 목소리가 느껴질 겁니다. 답을 쓰는 행위를 통해 더해질 각자의 손글씨와 한 공간 안에 어우러질 것을 기다리며, 좀 더 크고 분명한 목소리로 던지는 인생질문들이 당신의 마음을 제대로 노크할 수 있기를 바랍니다.

《세바시 인생질문》이 세상에 모습을 드러낼 수 있도록 텀블벅 펀딩을 통해 응원해 주신 3,207명의 후원자님들께 감사드립니다. 보이지 않는 힘이 세상을 바꾸고, 내일을 바꾸게 되리라는 굳건한 믿음을 나누어주셔서 감사합니다. '내일을 바꾸는 글쓰기'를 통해 인생질문 책을 빼곡히 채워갈 당신의 생각, 당신의 무대에 울려퍼질 그 목소리가 진심으로 궁금합니다.

북프로듀서, 디자이너

이 나 미

《세바시 인생질문》과 함께하는
질문과 답의 여정은 여기까지입니다.
이제부터는 스스로에게 던지는 질문과 함께
보다 자유롭고 즐길 만한
삶의 여정이 시작되기를 바랍니다.